글로벌 시대의 국제협상가

International Negotiator

최 흥 식

HUEBOOKs

국립중앙도서관 출판시도서목록(CIP)

(글로벌 시대의) 국제협상가 = International negotiator
/ 지은이: 최흥식. -- 서울 : 한국외국어대학교출판부, 20
13
p. ;   cm
ISBN 978-89-7464-846-6 13300 : ₩15000
국제 협상[國際協商]
무역 실무[貿易實務]

326.23-KDC5
382.1-DDC21   CIP2013010056

국제협상전문가가
알려주는
최고의
협상노하우

머릿말 _

저는 외교부에서 근무하면서 정년퇴임후에 외교관시절의 소중한 경험을 젊은세대에게 전수하여 주고 싶은 마음을 늘 가지고 있었습니다. 마침 퇴임을 앞둔 시기에 대학교의 겸임교수로 임명되어 강의를 맡게 되었습니다.

강의를 하면서 글로벌 시대를 살아가는 젊은이들을 위한 책을 두루 찾아보았지만 국제 사회의 일원으로서 일반적인 교양을 쌓을 수 있는 책들이 그리 많지 않았습니다. 자기계발서를 비롯한 경영 서적들은 많았지만, 국제사회의 리더가 되는 꿈을 키우는 대학생들을 위한 포괄적인 내용의 지침서가 눈에 띄지 않아 안타까웠습니다.

저는 지난 35년간 외교관으로 일하고, MICE산업에 종사하면서, 대전세계박람회등 여러 국제행사를 유치하고, 준비하는 과정을 통해 국제우주연맹(IAF), 세계과학공원연합(IASP), MICE세계협회(MPI, PCMA, DMAI, ICCA) 등 많은 민간국제기구의 활동을 접해보았습니다. 이 과정에서 쌓은 저의 경험과 지식을 정리해야겠다고 생각했습니다. 그동안 대학에서 강의를 하며 준비했던 교재를 비롯해, 언론에 기고했던 글들을 모아 책을 준비했습니다. 더 많은 대학생들이 전공에 관계없이 국제협상에 대해 이해하고, 국제 사회에서 활동하는 데 필요한 교양을 쌓고, 국제협상의 전략과 기술, 세계 각국의 문화적 차이에 대한 협상 모델을 이해할 수 있도록 최대한 쉽게 설명하려고 애썼습니다. 특히 제가 실제로 경험한 세가지 국제협상 사례를 마지막 부분에 기술하였음으로 이부분이 젊은세대에게 협상이론과 실제를 접목시키는데 많은 도움이 되기를 바랍니다.

21세기의 국제환경은 많은 외교 활동을 필요로 합니다. 국가의 이익과 이미지를 높이기 위한 전통적 외교관의 활동뿐만 아니라 민간부분에서의 외교활동도 마찬가지입니다. 반기문 UN사무총장의 탄생으로 정부 간 국제기구에서 활동하는 한국인의 수는 빠르게 증가하고 있으나 수천 개에 이르는 민간기구 측면의 활동은 아직도 손에 꼽을 정도로 적습니다.

아쉽게도 우리나라는 OECD선진국 중 NGO국제기구 분야의 진출이 적은 나라 중의 하나입니다. 그나마 최근에는 다양한 분야로 진출하는 젊은이들이 많아지고 있어 다행스럽게 생각합니다. 이 책이 그런 젊은이들에게 국제적인 감각을 심어주고, 세계사회의 일원으로서 외국인들과 협력하고, 교류하는 데 보탬이 되기를 바랍니다.

한국의 젊은이들이 지구촌의 리더로 거듭나는 데 이 책이 작은 씨앗이 되기를 바라며 그동안 도와주신 분들께 감사의 인사를 전합니다. 외교관 시절 많은 지도와 격려를 베풀어 주신 외교부의 선후배와 동료들, 저의 제2의 인생설계를 도와준 대전시청, 한국항공우주연구원, 대전컨벤션뷰로(현 대전마케팅공사), MICE 협회 임직원 여러분, 책이 나오기까지 애써주신 한국외국어대학교 출판부에 감사를 드립니다.

2013년 6월 여름 새벽녘에

지은이 최홍식

차례_

Negotiation

협상을 공부하는 목적과 필요성

우리는 왜 협상을 공부해야 하는가?

우리는 왜 협상을 공부해야 하는가?

우리는 누구나 협상을 하며 살아간다. 때로는 적극적으로 협상에 임하지만, 가끔은 수동적으로 협상을 해야 하는 상황에 처하기도 한다.

아침에 일어나면 오늘 만날 사람과 어디에서 만날지 이야기를 나누고, 점심시간에는 무엇을 먹을지 상대방과 의견을 나누어 결정한다. 직장에 출근하면 상사나, 동료, 후배들과 대화를 나누며 자신의 의견을 주장하고, 이어지는 회의와 프리젠테이션을 하는 동안 다양한 협상이 오고간다. 거래처에 방문하거나, 업무상 미팅이 있는 경우 사업의 방향에 대해 협상하고, 하루 종일 서로의 생각을 밀고 당긴다. 설득하고 설득당한다. 퇴근해서 집으로 돌아온 후에도 협상이 이어진다. 가족들끼리 TV앞에 모여 앉으면 어떤 채널을 선택할지, 주말엔 무엇을 할지 협상을 통해 합의가 이루어진다.

선택을 이끌어내는 매 순간마다 협상은 중요한 도구다. 우리의 삶을 성공적으로 이끌어가기 위해서는 성공적인 협상이 필요하다고 해도 과언이 아니다. 그러니 협상을 제대로 배워야 한다.

우리는 왜 협상을 배워야 할까?

첫째, 협상을 배움으로써 즐겁고 행복한 일상생활을 영위하며, 스트레스를 해소하고, 긍정적이고 적극적인 생활 태도를 기르며, 실용적인 지혜를 쌓아나갈 수 있다.

둘째, 사회적으로 성공적인 성과를 얻어낼 수 있는 전략적이고 유연한 사고 능력을 기를 수 있다.

셋째, 함께 살아가는 사람들과의 관계를 긴밀하고 화목하게 유지해 나가기 위한 방법으로써, 인생을 성공으로 이끄는 지름길을 터득할 수 있다.

협상의 기술은 아시아 태평양시대를 맞이한 우리 젊은이들이 각자 희망하는 전문분야에서 국제적 리더로 발전하는 데 필요한 등대의 역할을 할 것이다. 미래 시대의 젊은이들은 우리 사회의 모든 부문이 국제화되는 이 시점에서, 세계 각국의 사람들과 중장기적인 인간관계를 맺고, 유능한 국제비즈니스맨으로 활동하기 위한 자질을 향상시켜 나가야 한다. 협상의 기술은 국제적인 인재로 발돋움하는 데 도움이 될 것이다.

Negotiation

협상의 개념과 역사

02

협상이란?

협상의 세계

협상가란?

협상의 역사적 고찰

협상환경 및 구조

협상이란?

협상의 역사는 성경에 나와 있는 '아담'과 '이브'가 뱀의 유혹, 즉 뱀과 협상한 결과로 에덴동산에서 쫓겨난 일까지 거슬러 올라간다.

협상의 어원은 라틴어 네고티움(Negotium), 상업비지니스라는 의미의 네고스(Negoce)다. 여기에서 영어인 네고시에이션(Negotiation)이 협상이라는 뜻을 갖기 시작했고, 영어로 Bargaining, Persuasion, 불어로 Compromis 등의 단어가 '협상'이라는 의미를 갖는다.

한 사람이 태어나서 죽을 때까지 다른 사람과 관계를 이루는데 필요한 모든 사회적인 행위와 사고를 협상이라고 한다면, 협상의 정의와 방법은 수없이 많다. 이러한 협상의 행위는 과학적으로 설명하기 어렵고, 따라서 학문으로 정리하기도 어려운 분야다.

협상은 협상 당사자의 인생철학, 사회경력, 전문지식이 합쳐져 독특한 협상의 철학과 기술로 나타난다. 그래서 협상철학이나 기술을 몇 개의 범주로 나누어 정의할 수 없다. 협상은 입수된 정보를 바탕으로 하는 홍정이고, 마음을 수련하며 이기는 방법 배워가는 과정이다.

또한 협상은 시간과 환경에 따라 방법과 기술이 변화하므로 사회과학적으로 객관적 입증이 되는 학문이라기 보다는 협상철학이나 협상 기술로 정의하는 것이 적절하다. 협상의 기술적인 면에서는 미래학자 앨빈 토플러가 〈제4의 물결〉에서 표현한 '무용지식(Obsolege : 빠른 속도로 쓸모없어지는 지식)' 이 발생하는 경우가 종종 나타난다.

그러나 준비된 협상은 좀 더 좋은 결과를 낳는다. 그러므로 효과적인 협상을 하는 유능한 협상가가 되는 방안을 고민해 볼 필요가 있다.

협상의 세계

우리가 사는 세계는 크게 세 가지 요소로 구성된다. 인간, 자연, 기술이라는 세 가지 요소인데, '인간'을 중심으로 '자연'이라는 정적 요소와 '기술'이라는 동적 요소가 연계되어 있다. 이 세 가지 요소는 상호작용을 하며 사회의 변화와 발전을 촉진한다.

[세계 3대 구성요소]

이러한 시대적 상황을 미래학자 앨빈 토플러는 제3의 물결, 제4의 물결이라는 개념으로 설명한다.

협상의 세계는 인간과 인간 사이의 관계의 총체다. 최고의 협상

철학은 사랑이며, 최악의 협상결과는 배신이다.

우리는 여러 가지 협상의 기술을 알고 있다. 예를 들면 정공법이 있고, 삼십육계 도망법이 있으며, 심청이의 공양미 삼백 섬 협상에서부터 흥부와 놀부의 협상법이 있다. 이러한 협상의 방법을 살펴보면 어떤 목표를 우선으로 협상을 했을 때, 어떤 효과를 얻었는지 평가해 볼 수 있다.

앞서기술한바와같이 협상은 각자의 인생철학과 경험에 따라 독특한 기술이 연마되며, 전문분야에 대한 경험과 지식뿐만 아니라 인격을 바탕으로 한다.

협상의 기본적 요소는 정보(Information)와 타이밍(Timing), 조정력(Leverage)이며, 이 요소를 최대한 활용해 나갈 때 우리 생활의 모든 문제를 원만히 협상하여 해결해 나갈 수 있다.세상 일은 잘 풀릴 때도 있지만 복잡하게 얽혀 있을 때도 있기 때문에 협상의 타이밍은 특히 중요하다. 우리는 자는 시간을 빼고 생활하는 모든 시간이 협상시간이라 해도 과언이 아니다.

예를 들어, 친구들과 저녁 식사를 언제 어디서 할지 정하는 일, 형제간의 부모 재산 상속, 젊은 남녀의 결혼, 부부간에 발생하는 이혼 등의 문제도 넓게 보면 협상의 문제다.

뿐만 아니라 직장상사와 부하 간의 관계, 동료 간의 관계, 노사문제, 기업의 원자재 구매, 생산품 구매, 법률 변호사의 법정에 가기까지의 법적인 타협 해결 시도, 테러리스트로부터의 인질구조 협상, FTA 교섭 등 거의 모든 사회생활은 모두 협상과 관련된 일이다.

그러므로 협상은 가정에서 가족간의 문제에서 부터 한반도 평화체제 수립을 위한 국가간의 6자 회담 협상에 이르는 국제적인 문제까지 그 범위가 매우 넓다.

협상가란?

국제협상의 기술을 배우기에 앞서 협상가란 무엇인지 알아보자.

협상가는 유능한 전략가다. 유능한 협상가가 되려면 장기적 비전과 목표를 가지고 문제를 폭넓게 보는 시각이 필요하다. 여기에 자기 자신을 꾸준히 발전시켜 나가는 자기계발 습관을 가져야 하며, 협상가로서의 자신감과 리더십, 인품이 기본을 이루어야 한다.

협상가는 각자의 현재 입장에 입각해 직장이나 사회, 국가 간 타협과 양보가 필요한 상황에 부딪힐 때 어떻게 하면 탄력적으로 적응할 수 있는지, 어떻게 하면 좋은 결과를 얻을지 고민하게 된다.

[효율적인 협상가의 기본유형]

프랑스 루이 14세 때 외교관이었던 프랑수아 드 깔리에르(François de Callières)는 자신의 저서 〈어느 원로대신의 협상에 관한 충고(On the manner of negotiating with princess)〉에서, '협상이란 한 사람이 소유하고 있는 모든 통찰력, 모든 재주, 모든 순발력을 요구하는 일' 이라고 정의했다. 또한, 협상은 폭넓은 이해력과 지식 그리고 무엇보다도 예리하고 올바른 분별력을 필요로 한다고 말했다.

'협상가(Negotiator)' 를 생각하면 외교관(Diplomat)이 머리에 떠오르고, 외교관의 꽃인 대사(Ambassador)라는 직업이 떠오른다.

외교관은 상대 국가를 대상으로 지속적인 협상을 통해 최상의 국가이익을 얻어내야 한다. 기업이나 협회등 민간단체가 외국에 지사를 설치하고 지사원을 파견하는 것도 같은 맥락에서이다.

외교 분야의 고전인 해롤드 니콜슨(Harold Nicolson)의 〈외교론

(Diplomacy)》을 보면, "외교는 협상으로 국제관계를 관리하는 것(Diplomacy is the management of international relations by negotiation)"이라고 정의한다. 그러니 외교관은 국가관계를 협상하는 CEO라고도 볼 수 있다.

협상가의 자질로는 이외에도 높은 창조력과 강력한 동기부여, 풍부한 상상력, 감성 등이 있다. 협상가는 협상목적을 뚜렷이 세우고 깊은 믿음과 강한 의지로 협상을 추진해 나가야만 효율적인 협상력을 발휘할 수 있기 때문이다.

협상의 역사적 고찰

동양의 역사적인 인물 중에서 유능한 협상가를 뽑는다면 〈삼국지〉의 제갈공명을 들 수 있다. 유비는 제갈량이 지역의 인적 네트워크를 풍부하게 활용할 수 있고, 전문적인 지식과 지혜를 갖추고 있다고 평가했다. 그래서 인재확보를 위한 협상대상 1순위로 제갈량을 생각했다. 이에 제갈량은 유비에게 삼고지례(三顧之禮)하도록 유도하면서 자신의 몸값을 최대한 올렸다. 유비의 급한 심정을 최대한 활용한 것으로 분석할 수 있다.

우리 역사 속에서도 고구려의 시조 주몽이 계루 족장으로서 졸본 족장과의 담판을 통해 화해를 시도한 일화라던가, 신라군의 지원을 얻기 위해 발해국 시조인 대조영이 신라 문무왕과 협상한 일, 고려

시대에 거란족의 침략을 막은 서희의 담판 등 여러 가지 협상 모형이 나타나고 있다.

또한, 로마의 시저 황제가 이집트의 클레오파트라 여왕을 방문했을 때, 클레오파트라가 시저 황제와 함께 6주간 나일 강을 유람하면서 유혹적인 대화로 시저의 마음을 사로잡고 로마가 이집트를 침공하지 못하게 막았던 일화가 있다.

이에 비해 유럽의 역사에서 최악의 협상 실패 사례는 1938년 영국의 챔버린 수상과 독일의 히틀러 간에 타결된 뮌헨조약이다. 이 협상은 독일에게 폴란드와 체코를 침공할 구실을 제공했다.

우리가 일반적으로 생각하는 현대의 협상개념은 유럽에서 1648년 30년 전쟁이 끝난 후에 국민, 영토, 주권이라는 현대 민족국가(Nation-State)가 탄생하면서 정립되었다. 국가 간의 이해갈등 속에서 여러 국가가 상호 간의 이익 분배와 협력을 추구하는 새로운 국제적 환경이 형성되었고, 힘의 균형(Balance of Power)을 위한 수단으로 협상의 중요성이 부각되었다.

한편 동북아는 중국의 중원개념(One centralized power)을 중심으로 한 국제환경속에서 아시아 주변국과의 관계를 종속적으로 보고 협상을 해왔으므로, 동등한 개체 간에 복합적 이해 조정을 위한 국제협상 기술과는 다른 측면의 발전을 이루었다.

협상에 대한 많은 역사적 사례를 알아보고 분석함으로써 협상 상대측보다 한 발 앞선 생각과 미래를 멀리 내다보는 혜안을 기를 수 있을 것이다. 협상은 종합적이고 체계적인 인간경영이며 현실의 문제를 미래지향적으로 해결해내는 기술이기 때문이다.

협상환경 및 구조

협상환경

협상은 자기 자신이 홀로 문제를 해결할 수 없는 상호의존적인 일이 발생하거나 당사자 간에 분쟁을 해결해야 하는 경우, 서로 타협하고 조정하기 위해 필요한 기술이다.

첫째, 협상환경에는 상호의존환경(Interdependence)이 있다.

한쪽이 다른 쪽의 일방적 요구에 무조건 따라야 하는 종속관계(Dependence)에서는 협상이 이루어질 수 없다. 예를 들면 갓난아이와 부모의 관계, 왕과 내시와의 관계, 식민지와 지배국의 관계에서는 협상이 이루어지지 않는다. 그러므로 협상은 상호 간에 평등한 관계 속에서 이루어진다. 문제 해결을 위한 여러 가지 방안을 자유롭게 제시할 수 있는 환경이어야 협상이 가능한 것이다. 하지만 협상의 환경에는 언제나 상호 갈등이 생길 수 있는 요인들이 섞여 있고 상호의존관계가 복잡하여 지속적인 해결 방법을 모색하기가 쉽지 않다. 예를 들면, 사업을 같이 하는 프로젝트 구성원 사이의 관계에는 다른 프로젝트팀과의 관계, 테니스 파트너의 관계 등이 얽혀있다.

상호의존환경의 구조는 협상을 가능하게 만드는 범위(ZOPA)를 결정짓는 요소로 작용하며, 어떠한 협상전략 전술의 형태를 수립할 것인가를 결정짓는다. 한미 FTA와 한중 FTA 협상의 범위나 전략상의 차이가 나타나는 이유이다. 한편 상호 의존하는 환경 구조는 상대측과 합의에 이르는 대안(BATNA)들을 발전시키는 힘이 된다.

둘째, 협상환경에는 상호협의조정환경(Mutual Adjustment)이 있다.

협상은 움직이는 목표물을 맞히는 시간(Timing)의 예술이라고 할 만큼 상호협의를 할 때 시간을 염두에 두고 이루어진다. 상호조정과정의 또 다른 열쇠는 진실성과 신뢰성이다. 협상의 만족도는 협상과정이 얼마나 상호 공평하게 상호주의로 이루어졌는가에 의존한다.

셋째, 협상환경에 대한 협상자 간의 인식이 협상의 성패를 좌우한다. 예를 들어 2개 회사의 합병교섭의 경우를 살펴보자. A회사가 재무와 세금상담에 강하고, B회사가 인사관리와 전략 상담에 강한 경우, 각 회사가 합병에 대한 부정적 인식을 하는 대신 상대 회사의 강점을 존중하고 경쟁력 강화를 위한 목적으로 합병교섭에 임하는 편이 교섭과정에서 좋은 효과를 낳는다. 협상 환경을 긍정적 자세로 보느냐 부정적 자세로 보느냐에 따라 협상의 만족도 및 효력에 영향을 준다.

협상의 구조

협상의 전개는 수직적 구조와 수평적 구조로 구성되어 있다.

협상의 수직적 구조는 다음 7가지 단계로 이루어져 있다.

- 1단계. 협상당사자(Parties) : 누가 교섭에 참가할지를 결정한다.
- 2단계. 협상의제 및 문제점(Issues) : 어떤 의제를 놓고, 어떤 순서로 협의할 것인지 사전 협상을 진행한다.
- 3단계. 상호이익 및 목표점(Interests) : 협상에서 추구해야 할 이익이나 목표를 명확히 분류한다. 분쟁점(conflicting interests), 공동이익(Shared Interests), 보충이익(complementary interests) 및 3가지 이익이 혼합된 이해관계로 분류할 수 있다.
- 4단계. 대안마련(Alternative) : 협상의 대안(BATNA)을 마련하고 협상을 중단할 수위(Walkaway position)를 결정한다.
- 5단계. 합의점(Agreements) : 양측이 수락할 수 있는 가능한 합의점에 대해 검토한다. 상대측의 협상목표를 파악해서 협상범위

(ZOPA)를 설정하고, 이 때 예상되는 협상전략(Distributive Nego, Integrative Nego)을 짠다.

- 6단계. 연계성 파악 (Linkage) : 현재의 협상이 다른 협상과 연계되어 있는지의 여부를 분석한다. 시간적으로 이 협상의 전후로 연계된 다른 협상과의 연계성, 시간적으로 동시에 일어나는 다른 협상과의 연계성을 파악한다.
- 7단계. 시간적으로 강요되거나 제한받는 요인 (Action-Forcing Event) : 제한된 시간에 쫓겨 부득이하게 결정이 강요되는지, 제한된 시간 내에 결정을 하지 않으면 어떤 영향을 받는지 고려한다. 예를 들어, 북한이 NPT탈퇴 유예기간으로 90일을 정하여 위협한 상황에는 시간적인 요인이 들어있다. 그러나 Action-Forcing Event를 유용하게 활용하면 협상기간 만료에 따른 긴장 속에서 협상의 모멘텀을 이루는 힘으로 활용할 수 있고, 다른 협상과의 연계(Linkage)를 통해 협상진전에 힘을 불어넣어 주는 역할도 한다.

● 협상의 수평적 구조는 4단계로 구성되어있다.

전략기획단계 → 예비협상단계 → 본 협상단계 → 후속협상단계
(*상세내용은 협상절차 4단계에서 기술)

Negotiation

국제협상의 세계

03

국제협상의 개념

국제 협상의 특징적 성격

국제협상의 유형별·분야별 성격

세계 환경변화와 국제 협상의 기본틀

21세기 국제협상 환경변화

국제화, 세계화의 물결이해

국제협상의 개념

국제협상이란 서로 다른 문화, 가치관, 신념, 필요성, 언어를 가진 협상자 사이에 상호이해 관계를 증진하는 과정이라고 볼 수 있다. 국제협상에서 고려해야 할 요인은 협상 당사자의 상황, 의사결정의 형태, 국가적 특성이 협상과정에 미치는 영향, 문화적 차이에 대한 오해 해소, 언어적 차이해소 등이 있다.

국제협상을 성공적으로 해내기 위해서는 협상 상대의 정치, 경제, 사회, 문화 환경 뿐만 아니라 개인적인 환경, 개인적인 배경 등 상대방에 대해 철저하게 분석하고 이해하면서 공동이익과 상반된 이익을 찾아내어 타협 요소를 만들어야 한다.

국제협상에서는 다른 민족의 문화를 이해하는 일이 무엇보다도 중요하다. 왜냐하면 전문가들이 정의를 내렸듯이, 문화는 특정집단이 세상에 태어나 살아가는 동안 생각하고 말하는 유·무형의 총체적인 생활방식이기 때문이다. 미국의 인류학자 에드워드 홀(Edward T. Hall)은 문화를 "상호 커뮤니케이션하는 과정"이라고 정의하면서 동일한 과정에서 전달되는 메시지의 맥락과 관련하여 직접적이고 명확한 의사소통을 하는 문화배경(Low-Context Culture : 미국, 서구지역)과 간적접이고 함축적으로 불명확한 의사를 표시하는 문화배경(High-Context Culture: 아시아 지역 등)으로 구분한다.

서로 다른 성격의 문화를 배경으로 하는 국제협상 당사자들은 같은 내용에 대해서 다른 반응을 나타낸다. 이들 사이의 비언어적 문화인 고정관념, 규범적 기대, 민족 중심주의 등의 차이점 때문에 협상에 많은 장애 요인이 발생하기 쉽다. 따라서 국제협상의 협상전략은 당사자인 상대방 문화의 규범과 제도를 이해하고 자신의 문화와의 다양한 형태의 차이점을 인정하는 데서 시작한다. 이 차이점을 인정하면서 상대측의 상황과 선호도, 상대방이 가능한 범위 내에서 절충하려는 노력이 필요하다. 상대측의 협상 행위 저변의 의미를 깊이 이해하고, 특정 사회 체제의 옳고 그름에 대한 논쟁을 피하면서, 상대측 정부의 관료체제 상의 절차 문제를 양보하는 대신에 중요한 의제의 우선순위에서 양보를 얻어내는 등 상호타협의 과정을 거쳐야 한다. 이를 위해 현대 외교관의 자질 중 하나인 각 지역의 문화 특성을 이해하면서 우리 문화의 특성을 비교할 수 있는 이중문화 해설자(Cross-Cultural Interpreter)로서의 국제마인드를 갖추기 위한 훈련이 필요하다. 국제협상 이론상으로는 이중 렌즈 모형 접근법(Dual lens Approach)이라고도 한다.

국제 협상의 특징적 성격

국제협상에서는 언제나 국제적인 문화의 차이가 나타나게 마련이다. 문화의 차이로 인한 언어적, 비언어적 의사소통의 간극을 줄이며, 불확실성을 최소화하고, 협상의 효과를 제고하기 위해서는 국제협상의 특징을 잘 이해해야 한다.

첫째, 국제협상에서는 협상 중에라도 문화적 차이를 넘어서 효율적인 의사소통이 이루어졌는지 확인할 필요가 있으며, 자신의 의사가 명확히 전달되었는지를 분명히 파악해야 한다. 상대측의 반응을 주의 깊게 살펴보고 이를 확인한 다음 조정과정을 거치는 feed-back을 적극 활용하는 것이 좋다.

둘째, 국제협상에서는 다른 언어를 사용함으로써 의사소통 과정에서 의미의 손실을 가져올 수 있는데, 이를 최소화하기 위한 적극적 노력이 필요하다. 상대측의 선호 체계와 목표를 적극적으로 확인하고 합의해 나가야 하므로, 대충 듣고 넘어가면 효과적인 협상안을 창출해 낼 수가 없다.

셋째, 현재의 국제적 갈등이 더욱 확대되지 않으려면 문화적 차이에 따른 실수를 피하기 위해 신중한 언행을 유지하고, 상대방을 불쾌하게 만들거나 곤혹스럽게 만드는 실수를 하지 않도록 한다.

넷째, 상대측과의 문화적 차이를 극복하면 신뢰를 얻을 수 있다. 이렇게 얻어진 신뢰를 기반으로 협상가 자신의 영향력을 확대해 나가야 한다. 이를 위하여 협상가는 문화적 경쟁을 피하면서 예의바르고 유연한 태도를, 겸손하면서도 자신감 있는 태도를 유지해야 한다.

국제협상의 유형별·분야별 성격

헨리 키신저(Henry A. Kissinger)는 미 국무장관을 지낸 20세기 베테랑 외교관 중의 하나다. 그는 국제 협상의 3가지 목표를 제시했다. 첫째, 합의가 된 이슈 또는 다른 의견을 가진 이슈를 상호 발표하여 절충안을 만드는 것이다. 둘째, 타협을 이루기 위한 협의토론의 장을 계속 만들어 나가는 것이다. 셋째, 문제 해결을 위한 타당성을 제시하며 상대를 설득해 나가는 것이다.

이러한 국제협상은 유형별로는 쌍무협상, 다자협상, 국제회의 협상이 있고, 분야별로는 정치안보, 경제통상, 문화 사회협상, 국제행사유치, 테러인질 협상 등으로 분류할 수 있다.

쌍무협상

쌍무협상은 두 가지로 나뉜다. 하나는 두 개 국가나 두 개의 기업, 두 명의 개인이 상호간 최대이익을 위한 타협 방안 마련을 모색하는 협력적 협상(Win-Win)이다. 다른 하나는 한쪽이 이기고, 다른 쪽이 지는 경쟁적 협상(Win-Lose)이다.

쌍무협상은 국제사회의 가장 고전적 협상이다. 가장 대표적인 국제적 쌍무협상으로 FTA협상을 들 수 있다. 최근에는 국제사회의 상호 의존적인 구조와 국제문제의 복잡성, 다면성 등으로 인해 순수한 쌍무 협상의 분야가 점차 줄어드는 추세다.

우리나라 외교부의 조직을 보면, 1980년도까지만 해도 쌍무협상을 위해 정치, 경제분야를 지역으로 구분하여 국별 담당체제로 일했다. 1990년도 중반이후 WTO체제 등 다자협상의 중요성이 강화되면서 현재의 외교부 조직은 지역별 담당체제와 더불어 기능적, 다변적 업무체제가 확대되는 중이다.

이렇게 다변적 협상이 증가하는 경향은 EU, ASEM, NAFTA 등 지역적으로 블록을 형성하는 환경적 요인에 따른 것이지만, 전통적인 국제관계인 정치, 안보 분야에서는 쌍무협상이 여전히 중요하다.

다자협상

다자협상은 협상주체가 2개 이상인 협상이다. 3자 협상, 4자 협상, 6자 협상 등 여러 가지 형태로 이루어진다. 다자협상이 확대된 개념으로 국제회의 및 각종 국제기구 내의 협의체 등이 있으나 이는 별도의 카테고리로 분류한다.

국제적인 다자협상의 대표적 형태는 북핵문제를 둘러싼 한반도 이해관계 당사국들의 협의체인 6자 회담이라고 볼 수 있다. 이러한 다자협상은 이해 당사자 간의 직접적인 이해 조정과 함께, 이해관계자 사이의 균형을 유지하기 위해 적극적으로 해결방안을 모색하는 형태라고 볼 수 있다.

국제기구, 국제회의 협상

국제회의나 국제기구는 공통적인 목적과 이해를 달성하기 위해 이루어지는 협상의 형태다. 각 개체가 개별적 목적, 이해를 어느 정도 희생하면서 전체의 목표를 위해 협상을 하게 되므로, 협상 주체가 각자의 이해, 이익을 최대 목표로 추구하는 다자협상과는 조금 차이가 있다.

세계정부라고 할 수 있는 국제연합(UN), UN의 각 전문기구, 정부간 국제기구, 민간국제기구(NGO) 등 여러 종류의 기구 및 회의가 있으며, 정부 간 국제기구보다 민간기구 쪽이 공동이익을 위한 협상 분위기가 더욱 강한 편이다.

국제협상은 위와 같은 유형별로 구분할 수도 있지만 분야별로 구분할 수도 있다. 먼저 정치안보 협상은 국제사회의 전통적인 주권침해, 전쟁, 평화 등의 문제에 대한 협상이다. 대표적으로 이스라엘과 중동국가 간의 협상을 들 수 있다. 경제통상 협상은 1994년 WTO 체제 출범과 더불어 중요성과 활력을 얻고 있는 분야인데, FTA 협상안에 노동과 환경 분야의 협상 등 무역 분쟁 외의 여러 경제 분야의 협상이 있고, 민간 부문에서는 기업의 M&A협상 등 많은 협상 행위를 볼 수 있다. 문화 사회협상은 월드컵이나 올림픽, 기타 많은 분야에 국제 NGO들의 협상이 이루어진다. 정부 간에는 대표적으로 세계박람회(엑스포), 문화협정 협상 등이 있고, 특히 UNESCO 활동과 관련된 많은 협상이 이루어지고 있다.

세계 환경변화와 국제 협상의 기본틀

국제협상가는 협상의 명분과 실리라는 두 가지 기본적인 틀 안에서 융통성을 발휘하여 협상에 임한다. 17세기 중엽 프랑스 루이 14세 때 재상이었던 리슐리, 외교관 깔리에르는 협상의 최고 목표를 명분에 두었으나, 현대에 들어오면서 실리 쪽으로 차츰 무게가 실리는 경향을 보인다. 미국은 제1차 세계대전 이후 윌슨 미국 대통령이 주창한 국제연맹 창설 때만 하여도 명분을 우세한 협상 도구로 내세웠는데, 헨리 키신저 국무장관이 등장하면서부터 실리의 중요성이 두드러지기 시작했다. 그러나 협상을 할 때는 명분과 실리 어느 쪽도 무시할 수 없이 중요하다. 상황과 환경에 따라 적절히 대처하며, 양쪽의 균형을 유지해 나가는 지혜가 필요하다.

우리나라의 역대 협상 과정을 살펴보면 이승만 대통령은 반공이라는 명분을 중요시하였다. 이후 박정희 대통령은 1973년 6·23선언 이후 한반도 평화통일 및 개방 선린외교를 표방하며 차츰 실리 측면의 협상을 중요시하게 되었다.

21세기의 국제 협상 무대는 더욱 넓어졌다. 정부 외에도 기업, 지방자치단체, 각 사회단체 등 협상 주체가 다변화되었고 협상내용도 정치안보, 경제문화 측면의 전통적 협상분야 뿐만 아니라 환경, 인권, 과학기술, 테러, 의학 등 우리 생활의 모든 부문을 포괄하게 되었다. 특히 제1차, 2차 세계 대전을 겪으면서 인류는 전쟁보다는 평화를 갈망하게 되었고, 힘으로 갈등을 유발하는 불안정한 평화보다 상호 이익을 존중하는 협상에 의한 지속적이고 안정적인 평화를 갈구하게 되었다. 그래서 세계평화협상 기구가 탄생하게 되었는데, 그것이 바로 UN이다. UN은 국제협상의 대표적인 성과물이다. 계속되는 세계화의 물결로 다국적기업, 국제 NGO 민간단체들도 국경없이 전방위적으로 활동하고 있으며 서로 상부상조하는 Win-Win 협상 형태가 대세를 이루고 있다.

21세기 국제협상 환경변화

제2차 세계대전 이후, 공산주의와 민주주의 간의 이념 대결로 세계에는 양극화 현상이 계속되어 왔다. 1990년 초 동서독 통일과 소련의 붕괴 등으로 인한 냉전의 종식에 따라 탈 이데올로기시대가 열렸고, 미국은 초강대국이 되어 미국 중심의 세계질서를 세우고, 전 세계에 세계화의 바람을 불어넣었다. 한편 미국문화의 세계화를 거부하는 유럽, 중동 지역의 반응 속에 문화의 다변화 움직임을 지원하는 유네스코 세계 문화 다변화 선언이 이루어졌고, 서서히 세계 질서가 다극화되고 있다.

한편 현대의 주권국가라는 국가 형태는 차츰 지역적인 통합을 이루면서 전통적 국가 개념이 희석되고 있는 반면, 세계경제질서는 EU,

APEC, ASEAN, NAFTA 등 지역 블록이 나타나면서 WTO가 이들과 상호보완적인 역할을 맡아 차츰 통합되고 있다. 특히 1995년 세계통상기구 WTO가 출범한 이래 세계 경제는 통화, 재정, 외환분야에서 IMF, IBRD와 함께 신3두 체제로 운영되고 있다.

유럽 경제 협력체의 성공적 사례인 EU는 역내관세, 비관세 지역철회부터 시작하여 역외 대외 공동관세(Benelux 관세동맹)에 합의를 이끌어냈다. 그 후 EEC라는 공동시장 형식을 거쳐 경제동맹인 EU가 되었고, 이제는 초국가적 기구의 설치와 운영을 위해 정치적 통합을 도모하는 단계에 이르렀다.

이러한 국제적인 환경의 변화와 함께 21세기에는 비즈니스 환경이 변화하면서 새로운 경영전략이 도입되고 있다. 즉, 동종업계의 경쟁자와 경쟁적인 협상(Win-Lose)을 하는 것에서 벗어나 선택과 집중이라는 가치혁신을 추구하고, 경쟁보다는 통합, 협력을 추구하는 상호이익을 추구하는 협상(Win-Win)전략이 주류를 이루게 되었다.

예를 들어, 엔터테인먼트 산업의 성공 케이스인 캐나다의 "태양의 서커스"는 동종 업계의 경쟁자와 경쟁하기 보다는 구매자와 회사를 위한 가치 도약을 해냈다. 서커스에 뮤지컬요소를 가미시키고, 비싸고 관리하기 어려운 동물의 재주를 제외하는 등 유용성, 가격, 비용의 중요도를 잘 배열해 운영하였다. 또한, 서커스의 재미와 스릴을 기본으로 풍부한 예술성이 담긴 무대를 만들어서 연극과 서커스의 시장경계선을 허물고, 서커스 고객뿐 아니라 뮤지컬, 연극관객의 마음을 열었다. 그럼으로써 새로운 비경쟁 시장 공간을 창출했고, 경쟁보다 차별화를 통한 가치 혁신을 추구하였다.

한편 21세기 대기업들은 기업경영을 위해 세계화 전략에 기본 목표를 두고 있다. 이 목표에 따라 세계의 자원과 세계의 고객을 대상으로 경쟁력을 확보하려는 창조적 경영 능력을 개발시키고 있다.

국제화, 세계화의 물결이해

국제 협상가는 다른 문화, 다른 공동체, 다른 인종 사이에서 상호 협력을 통해 이해 조정을 하는 사람이다. 그러므로 기본적으로 외국 문화에 대한 이해가 있어야 한다. 국제 사회와 문화에 대해 폭넓게 이해하면서 국제화 마인드를 배양해 나가야한다.

먼저 국제화의 물결이란 무엇을 의미하는지 인류 역사적 측면에서 개념을 정의해보고, 국제화 물결의 변화를 극복하고 적응해 나가는 국제화 마인드란 무엇을 의미하는지 알아보자.

국제화 물결의 개념

세계를 이루는 인간, 자연, 기술의 세 가지 축 중에서 인간을 중심축으로 안정 기류(자연)축와 변화기류(기술)축이 서로에게 영향을 주며 균형을 유지해 왔다. 인간의 활동 중심이 때로는 자연 쪽으로, 때로는 기술 쪽으로 이동하면서 세계의 발전이 이뤄졌다. 이러한 중심축의 이동과정에서 국제화의 물결이 생겨났다.

근대에 와서야 실질적인 국제적 개념이 형성되었다. 1618 ~1648년간 벌어진 30년 전쟁 이후, 유럽 국가들은 웨스트 펠리아 조약을 맺고, 영토와 국민을 바탕으로 한 주권국가를 탄생시켰다. 이때부터 18세기까지 인간의 사상, 철학, 문화, 예술 등이 꽃피었으며, 인문학이 번성했다. 제1의 물결은 이때부터 펼쳐지는 인간중심의 물결이라고 볼 수 있다.

제2의 물결은 기술 중심의 물결이다. 19세기부터 시작한 서구 산업혁명으로 인해 각종 기술이 최첨단 살상무기 제조 산업을 발전시켰고, 그 결과 제1차, 제2차 세계대전이 발발했다. 찰리 채플린이 출연한 무성영화에서 주인공이 터번 엔진 속에 몸이 끼어 기계 움직임에 따라 돌아가는 장면은 이 시대를 함축적으로 표현한 장면이다.

제3의 물결은 중심추가 다시 자연 쪽으로 이동한 자연 중심의 물결이다. 20세기 들어 정보지식 산업이 발전하면서 친환경 자연보존의 물결이 확대되었다. 앨빈 토플러의 저서 〈제3의 물결〉이 이러한 시대 내용을 잘 대변해 주고 있다.

제4의 물결은 중심축이 다시 가운데로 돌아오는 인간중심의 물결이다. 우리가 사는 21세기 초반은 인류의 복지와 삶의 질을 강조하는 시대다. 앨빈 토플러도 〈부의 미래〉라는 저서에서 현시대를 '인간의 시간에 대한 적응력과 적응속도의 시대' 라고 규정했다. 기술과 경영 분야에서도 기술이나 경영방법에 초점을 두지 않고, 누가 그 기술을 갖고 있는가, 즉 Human resources와 Human connection, 경영의 창조성을 강조하는 시대라고 할 수 있다.

21세기 중반의 미래를 상상해 볼 때, 제5의 물결은 기술 중심의 물결이 되리라 예상한다. 앞으로 우주나 심해저 등 새로운 미개척지에 인간을 정착시키기 위한 각종 첨단 기술의 개발과 융합 활용이 본격적으로 이루어지는 시대가 될 것이다. 그 후의 제6의 물결은 21세기 후반 쯤, 자연 중심의 물결로 오리라 예상한다. 자연환경에 순응하는 안정적인 인간생활과 이를 위한 각종 생활양식의 변화가 중심이 될 것이다.

국제화 마인드 제고와 국제협상가

국제화 물결을 타고 시대를 선도하며 각종 국제적 문제들을 이해, 조정, 협력해 나가야 하는 국제 협상가는 국제적인 환경의 변화를 재

빨리 감지하고 적응해 나가기 위해다음과 같은 기본적인 자세를 갖추고 있어야 한다.

첫째, 문화의 다양성을 존중하고 포용하는 개방적이고 유연한 사고방식을 길러야 한다. 다른 언어, 다른 인종, 다른 문화권에 사는 사람들과의 의사소통을 원활히 하기 위해서는 그 사람들의 문화와 정서를 이해하고 수용할 줄 알아야 한다. 폐쇄적이고 경직된 마음은 금물이다.

한국의 역사적 실례를 분석해보면, 조선왕조시대에는 외국 문물을 연구하고 도입하는 실학과 북학이 사회 비주류로 도외시 되었고, 조선 말기에는 외국문물의 유입에 문을 닫아버린 대원군의 쇄국정책이 펼쳐져 국제화 마인드 제고에 장애가 되었다. 우리는 그동안 단일민족임을 강조하며 단군신화를 비롯해 박혁거세, 주몽, 온조 등의 민족 영웅 신화를 통해 무의식적인 순혈주의를 내세워 왔다.

우리나라의 지리적인 위치를 보아도 동남아나 일본, 인도, 중국 등 여타 아시아 국가보다 외국문화와의 직접적인 접촉기회가 어렵다. 또한 일본에게 36년간 식민통치를 받으면서 문화에 대한 정체성을 잃어버린 경험이 있으며, 혹독한 식민지배 시대를 겪은 이후 외국인에 대한 폐쇄적인 심리가 의식 깊숙이 자리 잡았다. 또한, 정치 민주화 과정에서 일부 민주화 운동단체들이 군사 독재정부에 대한 반발심과 이를 지원하는 미국에 대한 반발심을 동일시함으로써 자칫하면 '민주화=반국제화' 라는 모순된 의식을 키울 수 있는 우려를 낳았다.

반면, 국제화를 주도하는 미국, 서유럽 국가들의 역사는 다민족, 다문화의 역사이며 일찍부터 이러한 서구문화가 유입된 동남아 지역 국가, 인도 등은 외국 문화 수용에 더욱 유연하고 개방적이다.

반기문 UN사무총장은 항상 자신보다 상대방의 입장을 배려하는 생활 철학을 갖고, 상대를 이해하고 존중하려는 노력을 해왔으며, 이런 자세가 유엔 사무총장으로서 중요한 덕목의 하나라고 말한다. 그는 이념, 종교, 문화의 갈등이 점점 커지는 국제사회에서 상대방의 문화와 처지를 이해하려는 노력이 더욱 필요하다고 강조한다.

둘째, 우리 문화의 특징과 외국문화의 특성을 비교해서 이해하는 이중문화 해설자(Cross-Cultural Interpreter) 수준의 국제적인 마인드를 가질 수 있도록 훈련해야 한다.

셋째, 세계 보편적인 가치와 원칙에 따르는 세계 시민으로서의 의식을 갖추고, 세계적으로 통용되는 상식에 따라 판단하고 행동하는 습관을 길러야 한다. 즉 상호주의(Give & Take or Mutual Interests)와 보편주의라는 규범 아래서 각종 법률을 준수하며, 질서를 유지하는 생활 예절을 가져야 한다.

넷째, 많은 분야에서 식견을 키우고, 전문성을 길러 나가야 한다. 한 사람의 시야는 활동 환경과 범위에 따라 달라지기 때문이다. '우물 안의 개구리' 라는 속담도 있듯이 우물 안에서 보는 바깥 세상은 매우 제한적이어서 편협한 판단을 하게 만든다.

다섯째, 자국의 문화를 깊이 이해하는 것이 중요하다. 자국의 문화를 이해하면 할수록 외국의 문화를 더 잘 이해하게 되고, 그로부터 창의성이 증진되며, 창의성이야말로 국제 감각 제고에 필수불가결한 요소이다.

예를 들어 우리나라의 최초 남성 디자이너 앙드레 김의 작품은 한국 전통 문화예술 감각에 서양식 디자인을 가미시킨 창작물이다. 창의적 발명이나 개혁이 전통문화와 이질적 문화와의 결합에서 빈번히 이루어진 사실은 역사 속에서도 발견할 수 있다.

칭기즈칸은 민족의 전통적 생활방식을 보존하면서도 이질적 문화와 자신의 문화를 결합함으로써 인류사회를 개혁하는데 기여했다.

페르시아에서 레몬과 당근을 중국으로 전달하고, 국수와 차(茶)를 중국에서 서구로 전하는 한편, 중국에서 기독교 교회를 건립했으며, 페르시아에서 불교의 절과 탑을 건립했고, 러시아에서 이슬람 신학교를 건립함으로써 문화의 전달자 역할을 하였다. 칭기즈칸의 몽골제국은 세계교류의 문을 크게 열어 문자뿐만 아니라 사상과 지식도 서로 흐르게 하였다.

몽골인은 생산품과 상품을 이동시켰을 뿐만 아니라 새로운 문물을 결합하여 전례없는 생산품과 발명품을 만들었다. 중국의 화약과 중동의 화염발사기에 유럽 종주기술을 더해 대포를 탄생시켰고, 보편적인 알파벳을 사용하고 지폐를 도입했으며, 인쇄술, 나침반, 주판 등을 활용함으로써 유럽의 르네상스 시대를 앞당겼다.

마지막으로, 익숙하지 않은 외국의 환경에 도전하고, 이를 발판으로 도약하려는 개척정신이 필요하다. 문화나 언어 사용이 어려운 외국 생활을 하면서도 외국인과 만날 때 두려워하기보다는 적극적으로 사귀길 권한다. 도전적인 정신으로 외국의 문화를 익히고, 잠재력을 개발하는 노력을 병행해야 한다.

Negotiation

국제협상은 종합적이고 체계적이며 미래지향적인 인간과 인간 사이의 관계경영이다. 국제협상가는 항상 자신의 인품을 수양하는 한편, 국제적인 감각과 전문적 협상능력, 지도력을 향상시켜 나가야 한다.

국제협상가의 덕목과 자질

04

협상가의 덕목

협상가의 자질

협상가의 덕목

변화무쌍한 국제환경 속에서 인간의 심리를 꿰뚫어보고, 감성과 지성을 활용하여 이끌어나가야 하는 국제 협상가는 무엇보다도 균형 잡힌 마음을 갖도록 꾸준히 훈련해야 한다. 또한, 다양성을 존중하는 폭넓은 포용력, 모멘텀을 맞았을 때 과감히 문제를 해결하는 잠재력, 부드럽고 평온한 마음을 유지하는 평상심을 갖고 있어야 한다.

미인들이 S자의 육체 형태로 가꾸기 위한 신체운동을 꾸준히 하듯이, 소나무나 산등선, 계곡의 물줄기와 같이 S형으로 이루어진 자연곡선 형태의 마음을 가꾸는 노력을 게을리하지 말아야 한다.

외교의 고전서인 해롤드 니콜슨(Herald Nicolson)의 〈외교론〉에서는 협상자의 덕목으로 진실하고, 정확하고, 침착하고, 인내심 있고, 겸손하고, 좋은 품성(Good Temper) 등을 꼽았다. 16세기 프랑스 루이 14세 시절 유명한 외교관이었던 깔리에르(De Callière)는 협상에서 성공을 거두는 방법은 거짓 약속(False promise)이나 주체성을 잃은 신념의 파괴(Breaches of faith)에 있지 않고 자신의 말과 행동을 믿도록 하는 정직성이라고 말했다. 또한, 18세기 영국 주재 프랑스 대사였던 쥴깡봉(Jule cambon)은 이상적인 외교관으로 도덕성과 신의를 갖춘 인물(A man of the strictest honour, moral influence)을 꼽았다. 한편 중국의 〈사기〉에 나오는 '이목지신(移木之信)' 의 경구는 "남을 속이지 않으며, 약속은 반드시 지킨다." 라는 신의와 신뢰의 중요성을 강조한다.

협상가는 자신의 마음을 수양함으로써 자신과의 협상에서 이기는 방법부터 배워야 한다. 노자가 주창한 무위자연이나, 구약성서의 아브라함이 하나님과의 약속을 믿고 100년 동안 기다린 신념과 의지 등에서 대표적인 인간 덕성의 표본을 볼 수 있다.

스티브 도나휴가 지은 〈사막을 건너는 6가지 방법〉이라는 책을 보면, 유능한 협상가가 되기 위해 도움이 될 수 있는 내용이 실려있다.

첫째, 지도를 따라가지 말고 나침반을 따르라.

협상의 목표를 생각해야 한다. 구체적 스케줄에 따르기보다는 시간이 오래 걸리더라도 올바른 방향으로 나아가고 있는지를 끊임없이 확인하는 것이 중요하다. 사막 여행가는 사막을 여행할 때 2개의 시계보다 1개의 나침반을 챙겨야 한다고 말한다.

협상가는 목적과 비전을 잊지 않는 전략적 사고능력을 개발하여야 한다. 문제에 대한 입장(position)보다는 이익(Interests)이나 목표(purpose)를 중심으로 상황과 입장을 재고하는 사고방식이다. 직장을 선택할 때 당장 현재 받는 월급보다는 회사의 비전, 성과급 외에 학비를 보조해주는 등의 특혜, 중장기적인 직업의 전망을 고려하는 것이 이런 사고방식에 속한다.

또한 교섭대상자(people)와 교섭상의 문제점(problem)을 구분해야 한다. 상대 협상자와 친분이 있거나, 혐오를 느끼는 등의 주관적인 감정에 구애되지 않고, 목표 달성에 장애가 되는 문제를 객관적 시각으로 협상하는 능력을 갖춰야 한다. 그래야만 상호이익을 위한 새로운 가치를 창출하는 효과적 대안(BATNA)이 나올 수 있다.

둘째, 사막의 변화에 대응하기 위해서는 오아시스를 만날 때마다 쉬어가라.

등산을 하려면 쉬지 않고 산 정상을 향해 올라야 한다. 하지만 7,800미터 이상 고지에서는 공기가 희박하여 뇌세포가 손상될 우려가 있다. 이때는 산소 공급과 함께 심리적 자극과 정열의 불길이 필요하다. 등산은 쉬지 않고 산을 올라야 하지만 사막여행은 쉬면서 정신과 육체를 가다듬어야 한다.

협상은 시간과의 싸움이다. 그러니 사막을 걷는 마음의 자세가 필요하다. 1800년대에 '150~200년 후 미국이 세계를 지배할 것' 이라고 예언한 역사가이며 외교관이었던 딸레이랑(Talleyrand)은 협상가의 최우선 덕목으로 침착성과 인내심을 꼽았다.

셋째, 모래에 갇히면 타이어의 바람을 빼라.

사막여행 중 자동차의 타이어가 사막의 모래에 묻히면 타이어의 공기를 빼내어 차의 높이를 낮추어야만 그 자동차가 모래 속에서 밖으로 나올 수 있다. 이 사실은 겸손한 마음과 긴장을 푸는 노력이 협상 성공의 지름길임을 알려준다.

넷째, 일행 전체가 함께 여행하기도 하고 홀로 여행하기도 해야 한다.

사막은 험악한 지역에서는 함께 여행해야 하고, 예상 못 하는 상황이 벌어지면 선발대가 먼저 확인한 후에 뒤따라가는 여행방법을 택한다. 무조건 함께 움직이다보면 모두가 위험에 처할 수 있기 때문이다. 협상가도 가끔 홀로 생각하는 시간이 필요하다. 혼자 협상 전략을 검토하고, 팀워크도 조율해 보는 편이 바람직하다.

다섯째, 오아시스의 캠프파이어에서 한걸음 벗어나라.

새로운 환경에서 새로운 사람들과 만나 항상 마음을 새롭게 다질 필요가 있다. 일상의 편한 관습과 고정관념에서 벗어나 혁신적 마음을 가질 때 새로운 협상 마인드가 생기게 된다.

여섯째, 사막이 끝나는 경계선은 보이지 않지만 반드시 존재한다.

협상을 할 때도 협상환경의 변화에 따른 모멘텀을 발견하고 활용하는 지혜가 필요하다. 꿈, 감성, 이미지가 주도하고 있는 21세기 사회에서 협상가는 상상력을 발휘하여 새로운 협상기술과 전략방안을 창조해 나가야 한다. 왜냐하면, 하나의 협상을 성공적으로 마무리했어도, 다른 협상에서 같은 방법을 사용했을 때 반드시 성공하는 것은 아니기 때문이다.

협상가의 자질

오늘날은 세계가 하나의 마을이라는 '지구촌'이라는 말을 쓸 정도로 지구 정반대 편에서 일어난 사건들이 우리의 일상생활에 직접적인 영향을 끼친다. 미국의 저명한 칼럼리스트 토마스 프리드먼(Thomas Friedman)은 이러한 세계의 흐름을 〈세계는 평평하다〉라는 자신의 책 제목만으로도 함축적으로 보여준다.

국가 간, 개인 간의 상호 의존관계가 심화되고 있다. FTA 협정, 지역 협력질서 체계 구축, 나아가서 세계무역기구(WTO) 등 세계적 질서가 재편되고 있고, 국경은 점차 개방되는 중이다. 첨단 과학기술의 급속한 발전과 세계화라는 문화 조류 속에서 선진국과 후진 사회와의 갈등이 빈번해지면서 각종 국제테러 요인들이 생겨난다. 여기에 기후변화로 인한 자연재해, 새로운 질병의 발생, 인류의 환경파괴행위 등 인간안보(Human Security)문제가 지구촌 전 지역에서 발생하고 있다.

급변하는 세계 상황 속에서 국제협상의 분야도 더욱 확대되고 있으며 국제협상의 중요성도 더 커질 것으로 예상된다. 협상가의 자질 향상이 더욱 요구될 것이다.

국제 협상가가 갖추어야 할 기본적인 소양으로는 앞에서 설명한 국제화 마인드가 있다. 이와 함께 세계 환경의 변화에 맞추어 협상가가 키워나가야 할 기본 자질은 다음과 같다.

협상가의 기본 자질

아프가니스탄에서 미국이 무력으로 탈레반 정부를 무너뜨리고 새로운 정부를 탄생시킬 때, 국제문제 협상 전문가이자 알제리의 외교관 출신인 브라히미(Lahhada Brahimi) 대사가 UN 특사로 파견되었고, 아프가니스탄 내 모든 부족들의 의견을 수렴하는 협상 임무를 성공적으로 수행하였다. 또한, 브라히미 대사는 시리아 사태 해결을 위한 UN 특별중재대표로 활동하고 있다.

브라히미 대사는 협상가의 자질을 6가지로 정의한다.

① 처음부터 너무 낙관적인 의견을 표출하지 말 것
② 매우 넓은 공감대 형성을 만들기 위한 노력을 할 것
③ 상대에게 솔직하고 성실하게 임하고 있음을 느끼게 해주면서 우리가 알고 싶은 사항을 파악할 것
④ 상대를 깊게, 넓게 이해해 가면서 경청할 것
⑤ 모든 활동이 연계되도록 협조, 조정해 나갈 것
⑥ 상대방과 공통점이 되는 것을 많이 찾는 노력을 할 것

협상가에게는 상대측 문화의 규범과 제도에 대한 이해를 기반으로 외부협상 능력을 키우는 외에도, 내부적인 조정능력과 정보의 선택적 처리 능력, 홍보마케팅 능력도 요구된다. 또한, 효과적인 의사소통을 위한 언어 능력의 개발, 테러단체 등 특정대상과의 협상과 관련된 전문적인 훈련도 해야 한다.

또한 유능한 협상가가 되기 위해서는 명확한 기억력, 말의 순발력, 스트레스를 잘 다스리는 능력 뿐 아니라 인내심을 갖고 경청하는 태도와 성실하고 정직한 자세를 갖추어야 한다. 유능한 협상가는 신뢰도가 높아야 하므로 약속을 잘 지키고 거짓말을 피하여야 하지만, 순진한 태도로 자신의 견해를 다 밝힌다던가, 묻지도 않는 상황에 대해 답변을 하는 것은 바람직하지 않다.

협상가의 태도는 상호관계, 사회적 규범, 협상 에티켓 등에 따라 다른 기준에서 성실성을 판단할 수 있겠지만, 기본적으로 사려 깊은 태도를 유지해야 한다.

협상가의 자질훈련 방법

첫째, 협상가는 먼저 협상 대상에 대해 정확하게 이해해야 한다. 이를 위해서는 적극적인 경청이 필수다. 상대측의 얘기를 잘 듣고, 중심 아이디어를 파악하고, 제대로 이해를 했는지 질문을 곁들여가며, 상대측의 문화적 시각에서 해석하는 노력을 해야 한다. 또한 상대의 언어적인 표현 외에도 표정이나 몸짓, 태도 등의 바디랭귀지를 파악하고, 언어적 표현에서 분명히 드러나지 않은 배경을 포착할 필요가 있다.

둘째, 협상가는 문제 해결방안의 다양성과 포괄성을 이해하여야 한다. 그리고 문제를 폭넓게, 길게, 멀리, 전략적으로 보고 생각하는 습관을 길러야 한다.

셋째, 협상의 모든 과정에서 협상의 대상과 진행상황을 편견 없이 볼 줄 아는 균형 감각이 매우 중요하다.

넷째, 시대에 대한 소명의식이 필요하다. 평소에 역사 문화에 대한 폭넓은 소양을 기르고 확고한 비전과 사명감을 굳건히 해 놓아야 한다.

다섯째, 지적인 대화능력, 탁월한 외국어 실력이 필요하다. 원칙을 준수하면서도 적극적이고 유연한 사고를 통해 경험과 지식을 하나의 일관된 고리로 연결할 줄 아는 통찰력이 필요하다.

여섯째, 협상가는 커뮤니케이션 능력을 계발할 필요가 있다. 협상가에게 무뚝뚝하고 거만한 태도, 지나치게 친근하거나 비굴한 태도, 형식적인 태도, 불안정한 태도는 금물이다. 협상가에게는 상대방을 리드하는 간단명료한 언어적 표현과 원만한 인간관계를 유지해 나가기 위한 여유 있는 태도, 유머감각이 있는 대화기술이 요구된다. 상대방이 안고 있는 문제를 지적할 때도 밝은 목소리로 해야 한다. 무엇보다도 첫 번째 대면이 중요한데, 부정적이거나 끌려가는 태도는 협상을 성공적으로 이끌어 나가는 데 장벽이 될 수 있다.

첫 만남에서 상대방의 마음을 사로잡기 위해서는 대화의 기술이 필요하다. 솔직하게 있는 그대로를 얘기하고 말하기와 듣기의 균형을 맞추며, 상대방의 말에 적시 적절하게 호응한다. 눈에 띄지 않게 두루 신경을 써주고 밝은 분위기를 만들기 위해 노력해야 한다. 또한, 확실한 목표점을 갖고 용건을 명확히 밝히며 상대측이 곤란해하지 않고 이해할 수 있도록 의사를 전달한다.

언어뿐만 아니라 옷차림, 몸짓, 표정으로 좋은 인상을 줄 수 있어야 하며, 상대방을 반갑게 맞이하는 등 언어 외적인 세련된 감각도 갖춰나가야 한다.

여성 협상가

현대 협상의 역사를 살펴보면 뚝심과 배짱으로 많은 화제를 남긴 여성 협상가들이 많다. 중국과 미국의 지적재산권 분쟁 협상이 한창이던 1990년 초반, 중국과 기싸움을 벌였던 당시 미국의 협상단장인 힐스 미 무역대표부(USTR) 대표라던가, 당시 중국의 대외경제 무역부 부부장이었던 우이 대표가 있다. 2010년 상해 세계박람회 유치위원장인 우이 대표는 상해 엑스포 유치협상 무대에서 주역으로 활약한 바 있다.

힐스 미 대표가 중국의 불법 복제 관행을 겨냥해 "좀도둑과 담판하러 왔다." 고 비꼬자 우이 중국대표는 "우리는 과거 중국 유물을 강탈해 간 날강도와 담판하고 있다." 고 맞받아쳤다는 일화가 있다. 우이 대표는 이를 계기로 "중국 철낭자(鐵娘子)" 라는 별명을 얻었다.

근래에는 파이를 혼자 독차지하는 '제로섬 협상(Win-Lose)' 보다는 파이를 키워서 나누어 먹자는 '협력적 협상(Win-Win)' 이 중시되면서 여성의 부드러운 감성이 국제협상에서도 빛을 발하고 있다.

한미 FTA 협상 시 미국 측 여성수석대표였던 웬디 커틀러 대표는 "여성이 더 좋은 협상자가 될 수 있다." 면서 협상가의 자질로 여성스러운 섬세함이 중요함을 강조하였다. 또한, 여성이 상대의 말을 훨씬 잘 경청하고, 복잡한 문제들을 더욱 잘 해결하며, 남성들보다도 준비를 훨씬 많이 하는 경향이 있으므로 협상가로서 오히려 더 유리하다고 말하고 있다.

협상 수석대표

모든 국제협상은 극도의 비밀을 요구하거나 특수한 사정이 있는 경우가 아니라면, 복수의 협상가로 구성된 협상팀이 진행한다. 협상 수석대표는 협상팀을 리드해 나가야 한다. 수석대표의 능력과 의지와 지혜는 성공적 협상을 이루기 위한 중요한 요소 중의 하나이다.

협상 수석대표에게는 네 가지 두드러진 자질이 필요하다.

첫째, 끊임없는 혁신으로 조직구성원들의 필요사항들을 지속적으로 인식하는 경영자적인 자질이 필요하다.

둘째, 모든 구성원의 의견이나 제안을 수렴할 수 있고 목표 달성을 위해 구성원들의 지지와 협조를 얻을 수 있는 리더십이 필요하다.

셋째, 리더로서 팀원들에게 협상이 성공할 것이라는 확신을 줄 수 있어야 한다. 이를 위해서 리더의 의도를 확실하게 전달하고, 이해시키는 커뮤니케이션 자질이 필요하다.

넷째, 협상의 종료시한을 지정하고 협상 예행연습을 통해 문제점을 찾아내어 협상목표를 새롭게 구체화 시켜나가는 창조적 관리자로서의 자질이 요구된다.

Negotiation

국제협상의 내부구조

05

효율적인 내부협상 준비 및 진행

효율적인 내부협상 준비 및 진행

국제협상은 내부협상과 외부협상으로 이루어진다. 내부협상은 우리 측의 입장을 수렵하고, 입장을 결정하며, 외부협상을 지원하기 위한 협상 준비과정을 거친다. 외부협상은 실제로 상대측과 만나 정보를 교환하고 의견을 조율하여 협상 해결책을 모색한다.

외부협상은 의제선정, 제반 협상 절차 등을 협의하는 예비협상과 본격적인 해결방안을 협의 모색하는 본 협상, 그리고 협상결과의 성과물을 협의 처리해 나가는 후속협상으로 구성된다. 그러나 예비협상과 본 협상 과정에서 이루어지는 비공식 접촉이 본 협상의 실질적 진전을 이루는 핵심적 역할을 한다. 왜냐하면, 비공식 협상에서 양측이 필요로 하는 사전 정보를 나누게 되고, 상호간의 입장을 분석하고 관찰할 기회가 되며, 협상자간의 인간적인 관계를 돈독하게 할 수 있는 계기가 되기 때문이다.

효율적인 내부 협상을 진행하는 방법부터 알아보자.

내부협상에서는 협상대상, 의제와 관련 이해 당사자들을 모두 협상 준비과정에 포함시켜 의견을 수렴해야 높은 협상력을 발휘할 수 있다. 이를 위해서 보통 자문위원단이나 정책고문단 등의 형식으로 의견수렴 메커니즘을 조직한다. 한편 국내 여론의 적극적인 뒷받침을 얻기 위해서는 협상 관련 정보를 충분하게 메스미디어에 공급해 주고 비판적인 여론도 상대측에 대한 교섭의 레버리지로 활용하는 지혜를 길러 나가야 한다.

또한, 국민을 적극 설득하여 홍보해나가고, 협상 결과에 따라 예상되는 피해상황은 사전에 대책을 마련하여 국내적 컨센서스를 이루어야 한다. 그러나 협상과정 중에 공개했을 때 오히려 협상 실패의 우려가 있는 내용은 국민과 언론을 이해시켜 시차를 두고 발표하거나 일부 필요한 인사나 단체에만 비공식으로 브리핑을 하는 세심한 주의가 필요하다.

정부 간 협상의 경우, 의회의 정보 요구에 대해서는 협상의제가 정치적으로 확대 되지 않도록 내용과 방법에 대한 신중한 협조를 해나가야 한다. 또한, 관계부처 간의 견해 차이에 대한 세심한 관심과 긴밀한 공조로 외부 협상력이 약화하는 일이 없도록 사전 준비해 나가야 한다.

Negotiation

효과적 협상의 기본 토대

06

자신의 협상스타일과 개성 배양

높은 목표와 동기부여 강화

행동과 언어의 일관성과 공정성의 유지

상호주의에 입각한 인간관계의 유지, 발전

상대방의 입장 이해를 전제로 한 문제 해결 방안 모색

레버리지(Leverage)의 탐색 및 활용

자신의 협상스타일과 개성 배양

협상가는 자기의 스타일에 알맞은 방법으로 협상전략과 대응책을 수립해 나가야 효과적인 협상을 할 수 있다. 평소에 자신이 여러 상황 속에서 어떻게 반사적으로 대처하며, 본능적인 직감을 발휘하는지 자각할 필요가 있다. 그래야 국제협상가로서의 독특한 협상스타일과 개성을 키워나갈 수 있을 것이다.

협상가의 스타일은 크게 두 가지로 분류한다. 인정미 있는 협력적 스타일은 상대측과 타협하고 화해를 잘하는 스타일이다. 승부사 기질이 있는 경쟁적 스타일은 상대측과 경쟁의식이 강하고 적극적으로 승리를 쟁취하려는 게임에 능숙한 스타일이다.

심리학자들은 인간이 대인관계 분쟁에 임하는 대응 강도를 5가지 유형으로 분석한다. 경쟁형(Competitors), 문제해결노력형(Problem solvers), 타협형(Compromisers), 화해형(Accommodators), 분쟁회피형(Conflict avoiders) 등이다. 이를 크게 나누면 협력적 스타일(Cooperative Styles), 경쟁적 스타일(Competitive Styles)로 구분될 수 있다. 미국에서 조사된 미 법률가협회 변호사의 75%는 협력적 전략형이고, 12%는 경쟁적 전략형, 13%는 협력, 경쟁혼합 전략형이라고 한다.

협력형 협상가는 일반적으로 협상 기간에 상대를 공격하는데 쓰는 시간이 적은 것으로 나타났다. 이는 협력형 협상가가 경쟁형 협상가보다 더욱 유능한 협상가의 잠재력이 크다는 사실을 보여준다. 또한, 협력형 협상가는 공정하고 합리적인 협상 결과를 목표로 하고, 좋은 비즈니스 관계를 증진하기 위한 현실적인 기대치를 선정하는 반면, 경쟁적인 스타일의 협상가는 단순히 이겨야한다는 의지에 의해 움직이기 쉬우므로 현실보다 높은 기대치를 세우게 된다.

다시 말해서 타협과 화해 스타일의 협상가는 상대측의 이익과 필요성을 고려하는 습관이 있어 현실적인 기대보다 높은 기대치를 상정하지는 않지만, 실제로 이러한 스타일의 협상가가 기대한 것보다 더 많은 요구를 하더라도 상대측은 무리하거나 비합법적으로 생각하지 않는다. 따라서 협력형 협상가는 자신의 기대치를 올려 더 많은 것을 희망하면서도, 강요하지 않으면서 놀랄만한 협상 성과를 거둘 수 있다.

하지만 극단적인 협력형 협상가는 너무 목표치를 낮추고, 최소한의 제의를 하려는 경향이 있다. 이러한 단점을 극복하려면 충분한 시간을 두고 좀 더 높은 목표치를 설정하고, 달성하기 위한 노력이 필요하다.

협력형 스타일은 경청하는 태도로 상대측의 존경과 관심을 얻고, 경청을 통해 상대측의 실제적 필요가 무엇인지를 파악하므로, 협상에서 레버리지를 획득하여 유리한 고지에 설 수 있는 반면, 경쟁형 협상가는 자신의 견해를 설득시키는데 많은 시간을 소모하고 상대측을 방어적 입장에 처하게 한다.

극단적인 경쟁형 협상가는 먼저 자신이 이겨야 한다는 생각을 버리고 상호간 Win-Win 하는 방안을 마련해야 한다. 단점을 극복하기 위해서는 상대의 설명을 차분히 듣고 인정하는 습관을 들여야 한다. 제안이나 설득보다는 질문을 통해 상대의 생각과 상대에 대한 정보를 얻어내면서 협상에 임할 필요가 있다. 상대편에 대해 세심한 주의를 기울여 신뢰감을 얻고, 상대편의 자존심을 보호하며, 필요하면 인간관계전문 자문관을 채용하여 활용한다.

효과적인 협상은 10%의 기술과 90%의 태도로 이루어진다. 효과적인 협상을 하려면 세련되고 능숙한 협력적인 태도를 기본으로 스마트하게 협상에 임하고, 정확하고 유용한 정보를 적절히 활용하는 지혜가 필요하다.

높은 목표와 동기부여 강화

국제협상가는 목표를 뚜렷하게 설정하고, 강력한 동기부여를 통해 큰 성과를 얻을 수 있다.

최근에 에베레스트 산을 정복하는 산악인이 1970년 이전보다 10배가 넘게 늘었다. 그 이유는 베이스캠프의 높이가 전보다 높아졌기 때문이라고 한다. 두바이를 10년 만에 세계의 허브로 바꾼 아랍에미리트(UAE)의 세이크 무하마드 국왕은 〈Times〉지가 세계를 변화시킨 100명의 지도자의 한 사람으로 꼽은 인물이다. 그는 "미래를 바꾸려 하지 않는 사람은 과거의 노예이다." 라고 주장한다.

협상은 움직이는 목표물을 향하여 조준해야 한다. 그래서 타이밍이 중요하다. 타이밍을 결정하는 것은 뚜렷한 목표다. 무엇을 달성해야 하는지 뚜렷한 목표가 없는 경우, 협상 장소에서 언제 '예, 아니오'를 해야 하는지 망설이게 된다. 그 때부터 상대측에 리드를 빼앗긴다.

1950년대 일본의 소니(Sony)사가 미국 시장에 진출할 때 당시 모리타 아키오(Morita Akio) 소니 사장은 판매 활로 개척에 어려움을 겪었다. 미국에서 주문기준을 판매수량이나 가격으로 하는 대신, 소니라는 브랜드 명의를 내세우는 쪽으로 파트너를 선정했기 때문이다. 오늘날 소니 브랜드는 미국에서 최상의 브랜드의 하나로 자리매김했다. 이는 모리타 아키오 사장이 소니를 세계적인 브랜드로 만들겠다는 일념하에 구체적이고 뚜렷한 목표를 갖고 미국 회사와 일관성 있는 협상에 임한 결과다. 이 외에도 스포츠 각 분야 챔피언들의 도전과 훈련과정, 장애와 고난을 극복하고 성공한 사회 여러 분야 지도자들의 일화 들에서 유사한 예를 찾아볼 수 있다.

효과적 협상을 추진하기 위한 목표 설정 방안은 다음과 같다.

첫째, 목표는 구체적이고 뚜렷해야 한다.

둘째, 자신이 실제로 무엇을 원하고 있는지에 대한 확고한 신념을 갖고 협상에 임하여야 협상과정에서의 혼란과 실수를 막을 수 있다.

셋째, 정당하다고 인정되는 목표점을 정하고, 긍정적으로 생각한다. 협상에서는 더 높은 열망과 목표를 갖고 대담하게 임하는 사람이 낮은 목표에 맞춰 노력하는 협상가보다 더 좋은 결과를 얻는 것이 보통이다. 왜냐하면, 일반적으로 협상 실패에 대비하여 자신의 자존심을 유지하기 위해 대부분 낮은 수준의 목표를 세워 실패를 줄이고 승리의 명분을 가지려고 하기 때문이다. 실제적으로 협상의 기술적 측면에서 볼 때도 심리적으로 최소가능목표(Bottom Line)만 생각하면 협상에서 더욱 얻을 수 있는 기회를 놓치게 되며, Bottom Line보다 조금 높은 목표를 정해놓고 상대측의 Bottom Line에 몰두할 때 좋은 협상을 이룰 수 있다. 따라서 Bottom Line과 최고 목표 간의 긴장을 해결하는 최선의 길은 협상초기 단계에서 최고 목표를 달성하기 위해 노력하며, 협상을 마무리하기 위해서 필요에 따라 목표를 낮추어 Bottom Line 쪽으로 타협을 유도해 내는 것이다. 또한, 일반적으로 일시적 승리(Temp-Win)에 몰두하는 경우에는 궁극적인 승리를 위한 높은 목표를 세울 수가 없다.

넷째, 목표가 이루어진다는 신념을 갖고 협상에 임한다. 목표가 이루어지는 장면을 머릿속으로 상상하고 마음의 형상으로 그려보며 협상하는 것이 효율적이다.

미국 독립운동의 선구자이며, 정치가, 외교관이었던 벤자민 프랭클린은 20세부터 미래에 대한 생활실천 목표를 기록해 놓고 평생 이 기록을 보면서 생활해 나갔다. 협상에 대비하여 수첩이나 개인 컴퓨터에 자신의 목표, 캐치프레이즈 등을 기록해 놓고 수시로 생각해 보고, 목표를 적은 메모를 지니고 협상장에 입장하는 것도 효율적인 방법이다.

행동과 언어의 일관성과 공정성의 유지

보편성의 원칙과 일반 규범의 범위 내에서 우리의 행동과 언어가 일관성 있고, 공정성이 있도록 유지할 필요가 있다. 협상과정에서 일반 사회규범과 원칙을 벗어난 조건이나 입장을 제시하는 경우, 상대방을 자극하여 스스로 문제를 일으킬 위험성이 있다. 심지어 어린이들도 놀이터에서 놀 때 "이번엔 내가 할 차례다." 라고 순서를 지켜 나간다. 협상 테이블에서는 'First come, First Served' 같은 선착순의 원칙이라던가, 국제이자율의 기준이 되는 Libo 이자율이나 물건의 가격 기준표를 참고로 하여 합리적 선에서 가격을 협상하는 경우가 있다.

회사의 직원이나 공무원들의 퇴출기준을 놓고도 나이순으로 할 것이냐, 능력순으로 할 것이냐 협상을 해야 하고, 회사의 전략을 토의할 때도 이익, 벤치마킹, 효율성 등 원칙을 언급하며 협상하는 경우를 볼 수 있다.

협상을 할 때는 협상 기준에 대한 해석상의 차이로 예상되는 논쟁에 대비하여 자신에게 유리한 해석을 준비해 놓아야 한다. 이 때, 상대측에서 합법적이고 정당성이 있다고 생각할 만큼, 그들이 받아들일 수 있는 논거와 과거에 자신에게 유리하게 활용하였던 논거 등을 이용하는 것이 효과적이다.

심리학자들은 대부분의 사람이 개인의 특성에 따른 복잡한 일관성의 틀을 지니고 있다고 한다. 즉, 각 개인은 "합리적으로 보이기 위한 기준과 규범"이라는 틀에 근거하여 자신의 견해를 합리화시키고 있으므로, 상대측을 설득할 때는 그의 틀에 맞는 행위를 제시하는 편이 좋다.

합리성의 원칙과 규범은 협상진행 과정에서 강력한 영향력을 갖는 요소다. 또한, 합리성의 원칙과 규범은 자신의 입장을 보호하는 한편, 협상에서 유리한 상황에 있기 위한 레버리지로도 활용되고 있으므로 이를 능수능란하게 활용해야 한다.

국제적인 보편주의 원칙과 규범으로는 자유, 평등, 평화, 인권, 박애, 상호주의 등이 있고, 개도국 특별 지원, 국제행사의 지역 순환 원칙 등의 기준이 활용되고 있다. 그러나 상대측과의 규범, 기준이 일치하지 않아 협상에 어려움이 있을 시에는 자신의 기준과 일치하고 있는 제3자를 협상의 참고인 자격으로 참석시켜 자신의 기준을 적용하는 것이 성공을 보장시켜 주는 좋은 방법이다.

예를 들어, 현대 인도의 아버지라고 불리는 마하트마 간디는 영국에서 수학한 후 당시 영국의 식민지였던 남아프리카 연방에서 인권 변호사로 활동하고 있었다. 당시 간디는 남아공의 인도인 차별에 관한 법률에 대항하는 의미로 백인들에게만 허용된 열차 일등석을 타고 여행했다. 간디는 우선 영국 신사의 복장을 하고 역에 도착해서 표 판매를 책임지는 역장을 설득하여 일등석 표를 구매하였고, 일등칸에 올라 점잖은 영국 중년 신사 옆에 착석하였다. 간디는 바로 그 영국신사를 만일의 사태에 대비한 참고인 자격으로 생각하고 친절하고 예의 바른 영국식 예의를 한껏 발휘하였다. 얼마 후 열차 승무원이 유색인인 간디에게 다가와 3등 칸으로 몰아내려고 하자, 옆에 있던 영국신사가 자신은 아무런 문제가 없으니 그냥 놔둬 줄 것을 요청하였다. 간디는 이렇게 제3자인 영국인을 통하여 영국인으로서의 자격을 보장받음으로써 인종차별 법률에 적용됨이 없이 일등석으로 여행할 수 있었다.

합리적 기준과 규범을 일관성 있는 원칙으로 활용해 나갈 때 협상에서 더욱 큰 힘을 발휘해 나갈 수 있다. 일반 상거래에서도 부동산의 소개비용이나, 흥행사가 흥행수입비의 평균 15%를 로열티로 받는 등의 일반기준을 예로 들어 협상하는 것이 설득력이 크다. 과거에는 차량충돌 사고가 나면 운전자간의 싸움으로 번지는 일이 빈번했다. 최근에는 교통규범이 상식화 되어있고, 보험회사의 책임규범이 확립되어 있어, 언쟁으로 해결하기보다는 기준 규범의 범위 내에서 얻을 수 있는 이득을 합리적으로 주장하고 이를 뒷받침하는 논거를 준비해둘 필요가 있다.

대부분 사회 규범이나 상거래 규범은 협상 범위기준(Range-finding standards)일뿐 최종합의점을 의미하지는 않으며, 협상을 만족스러운 목표점에 이르게 하고, 또 상대측의 양보도 얻어낼 수 있는 기준으로 작용한다. 또한, 협상의 합리적 기준을 표어, 캐치프레이즈, 슬로건 등으로 만들어 주장하면 협상목표를 굳건히 유지하고 상대측에 계속해서 일관성 있는 메시지를 전달해 줄 수 있는 강력한 수단이 되기도 한다.

한편 인간은 권위적인 것에 복종하는 심리가 있으므로, 협상 시 권위의 힘(Power of Authority)에 리드 당하는 것이 보통이다. 예를 들어, 군인처럼 계급과 유니폼을 중시하는 직업 등에서 흔히 권위의 힘이 크게 작용한다. 비행기의 조종사와 부조종사 간의 권위는 조종사가 판단을 잘못하는 경우 승객의 생명을 빼앗는 사고가 일어날 가능성이 크므로 매우 조심스러운 분야이다. 과거에 조종사의 실수로 비행사고가 일어난 경우가 가끔 생겨 최근에는 승무원들에게 커뮤니케이션 관련 특별훈련을 시켜서 막연히 조종사의 권위에 복종하기에 앞서 명확한 상황을 각자가 검토해 보도록 지침을 내리고 있다.

상호주의에 입각한 인간관계의 유지, 발전

협상은 사람에 대한 이해를 바탕으로 목적에 따라 필요한 내용을 협의, 조정해 나가는 일이다. 그러므로 상호주의에 입각한 원만한 인간관계를 유지, 발전시켜 나가는 커뮤니케이션이 중요하다.

미국의 프랭클린 루스벨트 대통령은 상호주의의 인간관계에 대하여 “당신이 만약 사람들을 제대로 대접한다면, 적어도 그 중의 90%는 당신을 제대로 대접할 겁니다.(If you treat people right, they will treat you right-at least 90% of the time.)"라고 말한 바 있다. 상호주의 인간관계의 중요성을 강조한 말이다.

국가 간의 관계를 보면, 냉전시대에 미·소간의 불신은 매우 심각하여 실질적인 외교협상의 진전이 불가능했다. 군비 축소 협상의 결과가 군비 확장의 자극제 역할을 하는 등 수많은 국제협상이 상호 불신 속에 열매를 맺지 못하였다. 효과적 협상을 위해서는 기본적으로 인간관계나 국가관계에서 신용과 신뢰가 쌓여야 하고, 이를 바탕으로 상호주의를 원칙으로 협상이 이루어져야 한다.

상호주의는 단기적인 것도 있고, 장기적인 것도 있다. 단기적인 상호주의로는 서로의 관혼상제에 참석하는 경우라던가, 연말에 카드를 교환하는 일 등을 볼 수 있다. 장기적으로는 숙련된 협상가나 기업인들이 인간적인 관계가 큰 사업의 거래만큼 중요하다는 인식하에 오랫동안 자신이 조금 손해 보는 상황에도 아랑곳하지 않고 관계를 유지하는 경우를 볼 수 있다.

상호주의 인간관계를 위해서 먼저 스스로 신뢰할 만한 사람이 되어야 하고, 자신을 공정하게 대하는 사람에게 공정하게 대하며, 상대측이 자신을 불공정하게 대할 때는 그것을 상대가 알도록 해야 한다. 개인적 친분이 있는 인사가 협상의 상대인 경우, 개인적인 관계가 손상될까 염려가 되기도 하지만 실제로 인간관계가 가까울수록 분쟁이 덜 발생하고, 타협이 잘 이루어진다. 따라서 아무것도 모르는 관계보다는 개인적 친분이 있는 관계가 협상 상대로 유리하며, 가장 이상적인 관계는 상호 간의 최대의 이익을 찾으려고 하는 확실한 상호주의 원칙으로 이루어지는 사업상 관계(Working Relationship)가 이상적이다.

신뢰를 주는 사업상 관계를 수립하기 위해서는 기본적으로 행동의 성실성을 보여주어야 하며, 상대측과 같은 방식으로 행동하면서 일반적 이해와 경험을 쉽게 나눌 수 있어야 한다. 학교 동창 등 같은 사회 그룹에 속한 사람에게 친밀감이 드는 경우이다. 또한, 커뮤니케이션 스타일, 외모, 태도, 친목모임의 회원 등으로 유사성을 강조하는 것이 좋다. 협상단이 상호 인사의 뜻으로 기념품을 교환한다든지, 협상이 끝날 때 선물교환을 하는 관례 등도 미래 관계를 위한 투자의 징표다. 특히 중국, 일본, 한국 등 아시아 지역에서는 인적 네트워크가 협상에 많이 활용되고 있다.

인간관계를 맺을 때 주의할 점이 있다. 시간을 두고 단계적으로 신용을 쌓아가며, 상대에게 너무 빨리 신뢰를 주지 말아야 한다. 협상에서는 조그만 사항을 양보하면서 큰 것을 얻으려는 시도가 흔하다. 그러므로 옳다고 생각하지 않는 상호주의 압력을 느낄 때는 시간을 두고 신중하게 상황을 살피고, 분석이 끝난 후에 행동을 취해야 한다. 그러나 상대방이 어려움에 부딪혔을 때에는 과감하게 도와줌으로써 인간적 신뢰를 얻는 전략이 필요하다.

원만한 인간관계를 만들고 유지하기 위해서는 우선 주변에 자신의 입장을 잘 이해하고, 대변해주는 사람을 만들어 인간관계의 영역을 넓혀야 한다. 관계를 설정하는 과정에서 도움을 청하거나, 도움을 주고받는 것을 계산적으로만 받아들이는 경우에는 장기적인 관계 유지가 어렵다. 한편, 인간적인 측면을 이해하고 관계를 유지하다 보면 어려운 상황에서 자연스럽게 도움을 받게 된다.

사람과의 관계에서 상대를 무겁게 인정하고 진심으로 칭찬하며 상대방의 장점을 보면서 집중하다 보면 상대측도 자신을 알아주는 사람에게 같은 감정을 갖고 대화하는 것이 보통이다. 상대를 편안하게 만들고 상대의 말을 잘 들어주며 이해관계에 관해 부담을 주지 않으면서 풍부하고 해박한 지식으로 대화를 나누는 기술은 인간관계 증진의 첩경이다. 무뚝뚝하거나 거만한 태도를 버리고 밝은 표정으로 상대방의 관심사를 거론한다면 협상에 유리한 고지를 차지하게 된다.

그리고 아무리 가까운 인간관계를 맺었다 하여도 그 관계를 유지하기 위해서는 어느 정도 거리를 두고 사귀어야 한다. 관계가 아무리 순수하더라도 너무 친근하게 밀착하는 경우 상대측에게 부담을 줄 수 있기 때문이다. 아주 친밀한 사람과 협상을 할때는 인간관계의 손상을 최소화하기 위해 중개인을 선정하여 협상을 대행시키는 것이 유리하다.

이렇듯 깊은 인간적 유대를 통한 네트워크 형성은 유능한 협상가가 되기 위한 가장 소중한 기본 틀이다.

상대방의 입장 이해를 전제로 한 문제 해결 방안 모색

협상가는 상대방의 입장을 이해하고 문제 해결 방안을 모색해야 한다. 유능한 협상가는 상대측의 처지에 서서 상대방의 상황을 이해하고, 상대방의 견해를 통해서 자신의 의도를 관철시키는 능력을 보여 주어야 한다. 이는 우리의 협상 목표를 달성시키는 데 상대측의 이해나 견해가 어떻게 도움을 줄 것인지에 대해 숙고해야 한다는 말이다.

실제로 활용하기에 가장 어려운 협상기술은 협상 상대편의 목적을 파악하는 일이다. 왜냐하면 우리는 보통 자신의 렌즈를 통해서 상대를 보는 경향(Partisan perception)이 있기 때문이다. 또한, 타협적 스타일의 협상가라 해도 경쟁적 태도를 겸비하고 있기 때문에 협상

테이블에는 어느 정도 분쟁의 분위기가 있기 마련이다. 상대편과 다른 입장에 초점을 두고 우리 입장을 설득시켜 나가는 태도를 지니기 때문이다.

그리고 협상이 일단 시작되면 이익을 나누려는 노력보다는 서로 경쟁적으로 더 많은 이익을 차지하려는 움직임이 강하게 나타난다. 통계적으로 볼 때도 협상의 50%는 공동이익을 찾는 노력에 실패하는 것으로 나타난다. 심리학적으로 인간은 자신이 원하는 것이 실제로 얻어질 때만 타협을 하는 척하며, 원하는 것을 얻기 위해 협상과정에서 상대를 속이려는 마음을 지니게 되기 때문이다.

유능하고 숙련된 협상가일수록 예비 협상단계에서 양쪽 간 문제해결을 위한 선택 안에 공동이익이 되는 범위를 포함해 중점적으로 협의해 나간다. 협상가는 공동의 이익과 타협지점에 초점을 두고 협상해 나갈 때, 최초의 목표보다 더 큰 이익을 만들 기회를 갖는다.

숙련된 협상가 그룹은 협상시간의 40%를 공동이익 협의에 사용하는 반면, 미숙련된 협상가 그룹은 10%만을 공동이익 협의에 사용하고, 90%를 상충적 이익에 대한 의견대립에 사용한다는 통계가 있다. 또한 협상 관련 전문적인 연구소가 실험한 결과, 상대측을 정확히 이해하고 판단할 수 있는 능력을 소유한 사람은 자기 자신의 협상 목표만을 보고 몰두해 나가는 사람보다 항상 더 좋은 협상 결과를 얻는다고 한다. 그러므로 숙련된 협상가가 되려면 학문적, 교육적 측면 외에 경험, 판단력, 상상력 등 협상가의 자질과 인품을 갖추기 위해 꾸준히 노력해야 한다.

상대측의 상황과 이해를 잘 관찰하고 판단하는 방법은 다음과 같다.

첫째, 상대측의 의사 결정권자가 누구인가를 파악한다. 즉 협상상대인 국가, 기관, 단체, 그룹, 협회, 기업체 내에서 영향력을 가진 중심 인물들을 파악해 내야 한다.

예를 들면, 올림픽이나 월드컵, 세계박람회 등 국제행사 유치를 위해서는 의장단, 사무국 인사 그리고 그 기구의 주요 영향력 있는 인사를 찾아내어 1차적 접촉을 시작해야 한다. 그리고 의사결정권자 중에서도 최고 결정권자와 직접 접촉하는 것이 바람직하다. 일반 기업이라면 담당 실무책임자보다는 이사급 내지 CEO를 접촉하는 편이 협상에 용이하다. 최근에 국가 원수 간의 정상회담이 자주 개최되는 이유도 복잡다단한 국제 문제들을 쉽게 풀어나가기 위한 유용한 수단이기 때문이다. 그러나 국가 간 정상회담 등 최고의사결정권자 간의 협상실패는 되돌리기 어려운 상황에 이를 수도 있으며 그

여파가 오래가기 때문에 신중한 준비와 사전협의 과정이 필요하다.

둘째, 공동의 이익을 찾아낸 다음, 우리의 목표가 달성되도록 돕는 것이 상대측에도 이익이 된다는 것을 설득시켜야 한다. 상대측의 역할(Role reversal)분담을 필요로 한다. 일상생활에서도 CEO는 실제 자신의 경영방침을 성공적으로 수행할 수 있는 직원이 누구인지를 판단하여 승진 대상을 선정한다. 공동 이익이라는 부분은 모든 협상 대상에 내재해 있으며, 이러한 공동이익을 찾아내기 위한 제안들이 협상의 기반이 된다.

셋째, 상대측이 우리의 제안을 거절할만한 이유를 사전에 파악하고, 상대측의 반대 의견에 충분히 대비를 해야 한다. 단순한 협상가격의 문제뿐만 아니라 개인적 심리문제, 평가문제 등 모든 이유를 파악한 후 이를 공개하고 협의해 나간다.

넷째, 우리의 목적을 달성시키면서 상대측의 문제를 최소한의 노력이나 경비로 해결하는 방안을 모색한다. 상대측의 협상 동기, 배경, 동향을 파악하고, 상충하는 측면 이외에 공동이익이 되는 측면을 찾아내는 노력을 해야 하며, 이 과정에서 협상에서 필요로 하는 것을 얻을 수 있는 모멘텀을 발견할 수 있다.

요즘 관심을 끌고 있는 FTA 협상은 초기 단계에서부터 공동이익 부문에 대한 폭넓은 검토가 이루어지고 있다. 기업을 합병할 때도 각 기업의 장점을 접합시켜 나올 수 있는 공동이익을 찾는다거나, 지난 2002년 월드컵의 개최지 선정 때 한·일 공동 개최라는 공동이익의 지점을 찾아 협상함으로써 좋은 결과를 이루어낸 사례이다.

레버리지(Leverage)의 탐색 및 활용

레버리지는 당신이 원하는 방향으로 협상을 추진하기 위한 힘이다. 레버리지는 상대측에 심리적 압박, 위협, 손해를 느끼게 하는 협상수단이다. 레버리지를 가진 편은 자신감을 얻고, 레버리지가 없는 편은 불확실하고 불안정한 심리를 갖는다.

레버리지의 중요성과 관련된 이런 말이 있다. "당신은 친절한 언어와 함께 무기를 소유하는 편이 단순히 친절한 말로 협상하는 것보다 더 많은 것을 얻을 수 있다.(You can get much further with a kind word & a gun than you can with a kind word alone)" 라는 속담이다.

북한의 핵 문제 해결을 위한 6자회담에서 북한을 회의 테이블로 유도해 내는데 중국의 역할이 중요한 것은 중국이 북한의 에너지 및 식량 공급원이라는 레버리지를 갖고 있기 때문이다. 사업자가 물건을 구매할 때, 특정한 물건을 희망하는 경우 판매자는 이를 자신에게 유리한 협상 레버리지로 활용할 수 있다. 그러므로 사업자는 거래시에 필요균형(Balance of needs)을 자기편에 유리하게 만드는 전략이 필요하다. 또한, 레버리지를 새롭게 만들어 내는 창의력과 도전정신이 필요하다.

유능한 협상가가 상대측의 필요와 이익 부분을 자세히 관찰하는 것은 상대측의 문제를 해결해 주기 위한 것이라기보다는 상대측과의 교섭에서 유용한 레버리지를 찾아내기 위한 것이다. 세상의 모든 인적, 물적 관계를 멀리 보면 반드시 상호 보완적 협력 부분이 있기 마련이다. 이러한 보완적인 부분을 자세히 검토해 나가면 레버리지를 발견할 수 있다.

레버리지는 보통 필요와 두려움의 균형선상(Balance of needs & fear)에서 나온다. 어느 쪽이 레버리지를 가졌는지를 이해하려면 협상이 실패했을 때 어느 쪽에 더 큰 손실이 돌아갈지 생각해보면 된다.

첫째, 더 많은 상업적 거래의 필요성을 느끼는 쪽이 레버리지 면에서 불리하다. 일례로, 판매를 독점하고 있는 회사는 이미 구매자들을 통제할 수 있는 상태에 있다.

둘째, 필요성을 더 많이 느끼는 쪽이 레버리지 면에서 불리하다.

셋째, 레버리지를 올리는 방법은 협상 테이블에서 나와서 차선의 대안을 발전시켜 나가는 것이다.

넷째, 레버리지는 동적으로 매순간 변화한다. 따라서 상황 여건의 변화에 따라, 협상의 단계마다 어느 쪽이 레버리지를 가졌는지를 파악해 나가야 한다.

인질 사건의 경우, 초기 단계에서는 인질범들이 레버리지를 갖고 있으나 시간이 갈수록 인질범의 레버리지는 약화하며, 오래 현상유지를 하기가 어렵다. 시간이 가면 인질범들과 인질 사이에도 인간관계가 발전되어가는 예도 있으며, 인질사건에서 시간은 경찰 쪽에 유리한 면이 있다. 인질범과의 Hot-line은 유지하며 대화를 계속해 나가면서 쉬운 조건은 즉각 수락, 이행하고 어려운 조건 수락은 뒤로 미루면서 시간을 최대한 끄는 것이 시간을 벌고 신뢰를 확립하는 길이다. 인질, 테러범들은 종종 명분을 얻기 위해 무력행동을 하는 경우가 있으므로, 그 동기, 배경을 잘 파악하여 레버리지를 활용하는 경우, 예상보다 쉽게 문제 해결이 되는 경우가 있다.

레버리지의 종류에는 긍정적, 부정적, 규범적 레버리지가 있다. 긍정적 레버리지(Positive leverage)는 상대측이 필요로 하는 것을 제공할 수 있는 능력을 기반으로 한다. 부정적 레버리지(Negative leverage)는 협상에서 위협으로 사용할 수 있는 능력을 보유하는 경우를 말한다. 미국 뉴욕의 카지노 사업운영 및 부동산 투자가로 유명한 도널드 트럼프(Donald Trump)의 협상기술은 비즈니스 관계유지를 위한 세련된 위협 수단을 활용한다. 트럼프가 뉴욕 맨해튼 5번가의 트럼프 타워의 건축을 계획했을 때의 일화는 부정적 레버리지 활용의 대표적 사례이다. 트럼프는 고층빌딩 위의 공기권(Air right) 때문에 이웃 보석상 건물 주인의 승인이 필요했다. 그래서 그는 2가지 설계모델을 준비했다. 첫 번째 모델은 고급 보석상점의 이웃으로 어울리는 세련된 귀족풍의 50층짜리 우아한 고층건물이었고, 두 번째 모델은 벽면 전체가 철망 줄로 덮인 흉한 모습의 건물이었다. 트럼프는 보석상 주인이 자신의 건물 건축 승인에 협조하지 않는다면 두 번째 모델의 건물을 짓겠다고 심리적 위협을 가함으로써, 자신의 목적을 달성하였다. 그러나 부정적 레버리지를 경쟁적인 협상대상에게 잘못 사용할 경우 상대측에서도 위협 수단을 갖고 나오는 경우가 있으므로 매우 신중한 태도가 필요하다.

규범적 레버리지(Normative leverage)는 일관성의 원칙(Consistency principle)을 기반으로 한다. 합리적인 협상 명분으로 인질범 협상, 정치적 협상 등에 많이 활용되고 있다. 레버리지를 갖기 위해서는 상대편이 필요로 하는 것에 대한 많은 정보를 입수하고 이를 바탕으로 상대편을 설득시킬 수 있는 자신의 명분과 원칙을 만들어 상대편이 양보하도록 유도하며, 새로운 대안(BATNA)을 발전시켜 나가야 한다.

레버리지와 함께 이용되는 협상수단으로는 연합의 힘(Power of coalition)이 있다. 다수의 힘을 활용해 자신의 견해를 지배적인 입장으로 만들어 나가는 것이다. 농수산물협동조합이 좋은 예로서, 조합을 구성하여 중간 도매상을 거치지 않고 판매, 분배시스템을 만들어 거래하면 농수산인들의 레버리지를 강화시켜 유리한 거래를 해나갈 수 있다.

우리는 레버리지에 대한 잘못된 고정관념을 고쳐나갈 필요가 있다. 예를 들어, 무직자가 직장을 구할 때 협상에서 약한 위치에 있다는 고정관념이라던가, 대기업 CEO, 정부 고위인사, 부자가 레버리지를 갖고 있다는 인식, 제품의 독립 생산기관이 레버리지가 강해서 가격을 마음대로 조정할 수 있다는 생각은 잘못된 것이다. 협상에서 이길 수 없는 위험한 사고이다. 레버리지는 늘 변화하는 불가사리와 같으며, 객관적인 성격을 가진 힘(Power)과는 달리 주관적인 것으로, 어디까지나 일시적인 상황 속에서만 유리하다.

외동딸을 가진 젊은 부부가 5살짜리 어린 딸의 건강을 위해 저녁 식사로 야채샐러드를 준비했다. 어린 딸은 야채샐러드가 싫다며 피자를 요구했다. 어느 쪽이 레버리지를 가졌을까? 부모가 딸의 요구를 신중히 받아들여 피자를 조금 곁들여 주면서 샐러드를 먹게 했을 때, 딸이 이를 받아들이면 부모 측에 조금 더 레버리지가 있다. 그러나 딸에게 강제로 샐러드를 먹으라고 강요한다면 딸이 음식을 먹기는 해도 찡그린 얼굴로 사방팔방 음식을 흘려가며 투정을 부릴 것이다. 계속된 잔소리와 신경질이 오가다가 결국 딸에게 양보하게 된다. 5살짜리 어린이는 힘이 없고 대화능력도 떨어지지만 이 상황에서는 어린 딸이 레버리지를 갖고 있다.

미국의 부동산 거부 트럼프가 여인숙을 경영하는 늙은 외로운 노인의 땅을 사들이는 과정을 보면, 돈도 많고 경험도 많은 부동산 매매전문가인 트럼프에게 레버리지가 있을 것 같지만, 실제로 트럼프는 그 땅의 구입이 급하고, 노인은 땅을 급하게 팔 이유가 없다면 레버리지는 노인에게 있다.

이처럼 레버리지는 사회적, 경제적인 부와 지위에 의한 힘과는 아무 관계가 없다. 또한 레버리지는 협상이 진행됨에 따라 변화한다. 그러므로 자신의 레버리지가 최상일 때, 기회를 포착하여 자신이 원하는 것을 얻어내야 한다. 레버리지는 객관적 사실에 의존하는 것이 아니고 상대측에서 상황을 어떻게 인식(Perception)하고 있는지에 달려 있다. 즉 상대방이 당신을 강하다고 인식하면 당신은 레버리지를 갖게 된다. 반대로 당신의 힘을 상대측에서 인식하지 못할 때는 상대측에 홍보를 통해 당신의 실제 레버리지 상황을 이해시키는 노력이 필요하다. 평소에 조용하고 합리적인 인사가 평소와 달리 열렬하고 강력한 주장을 하면 매우 설득력이 있고 특별한 관심을 받게 되는데, 이것이 레버리지를 올리는 기술적 방법의 사례라고 볼 수 있다.

레버리지는 협상단계에서 같은 협상경험이 있는지, 협상에 관련한 더 많은 정보를 입수하고 있는지, 협상 의제와 관련된 융통성을 발휘할 수 있는지, 협상의 결정권을 가졌는지(자금, 인력, 시간, 장비, 서비스, 홍보전략 등), 협상대표가 소속기구, 단체에서 실질적 권한(새로 임명된 CEO인지 퇴임 가까운 CEO인지 등)을 가졌는지에 따라 달라진다.

Negotiation

미국의 전설적인 UCLA 농구코치 존 우든(John wooden)은 "준비를 제대로 하지 않는 것은 실패를 준비하고 있는 것(Failing to prepare is preparing to fail)"이라고 말했다. 협상을 성공으로 이끄는 것은 협상의 준비단계다. 집을 지을 때 지붕을 만드는 격이라고 볼 수 있다.

국제 협상 절차
(협상전략, 전술의 이해)

07

전략기획 준비단계

예비협상 개시

본 협상 개시
(Opening & Making Concession)

협상종료 및 이행
(Closing and Gaining Commitment)

전략기획 준비 단계

협상 준비에는 협상대상에 대한 종합적 상황 분석과 관찰을 통해, 이해관계에 따른 입장 차이, 상대편과의 관계 유지가 미래에 미치는 중요성 등에 대해 평가해 보며 상황에 대해 전반적으로 이해해야 한다.

협상에 누가 참가하는지, 협상의 의제는 무엇인지, 상호 간 추구하는 목표는 무엇인지, 합의가 안 될 경우의 대안들이 있는지, 양측이 수락할 수 있는 잠재적인 합의점이 있는지, 현재 협상이 다른 협상과 어떠한 연계(Linkage)가 되는지, 협상의 시간은 어느 정도 예상되는지 등 종합적인 검토를 통하여 협상을 준비해야 한다.

협상대상을 검토하여 단기적 전략 기획과 중장기적 전략을 어느 정도 배합하여 수립할 것인지 판단한다. 협상이 단기적으로 이루어지지 않을 것으로 보이는 상황에서는 미래의 관계유지 측면에 더욱 관심을 둘 필요가 있다. 협상 전략은 Win-Win을 염두에 두고 단기적으로는 상호 이익을 추구하며, 중장기적으로는 좋은 관계를 유지하는 창조적 대안을 검토해야 한다. 또한, 준비 단계에서는 상황 분석을 바탕으로 적절한 단·중장기 전략 수립을 기획함과 동시에, 상대방과의 예비적 접촉을 통해 전략 기획의 평가에 도움이 되는 정보 파악을 해 놓아야 한다.

협상 준비 절차에서 전략을 수립하고 기획하는 단계가 효과적인 협상을 하기 위한 가장 중요한 단계이다. 그러므로 예비 협상으로 실제적 정보 교환이 시작되기 전에 수립된 전략기획이 앞에서 설명한 협상의 6가지 토대 위에서 신중히 수립되었는지 다시 한 번 분석하고, 필요하면 수정해 나갈 필요가 있다.

협상 방향을 정할 때에는 문제 상황을 분석하고, 유사한 상황 속의 과거 경험사례, 문제 관련 각종 자료, 신문, 잡지를 통해 정보를 수집하고, 유사한 경험을 가진 지인들과의 상담 등을 통해 방법을 개발해 나가야 한다. 이러한 준비 과정에서 협상의제 상의 뚜렷한 협상 순위를 선정해 놓아야 한다. 그렇지 않으면 협상초기에 여러 가지

제의, 토론, 정보의 범람 속에서 상대방의 요구에 이끌려 중요한 문제를 놓치는 혼란과 실수를 범할 우려가 있다. 그러다보면 기획된 협상의 틀에서 벗어나 중심을 잃을 가능성이 크다. 따라서 가장 중요한 이슈와 부차적인 이슈를 구별하고, 상호 연결된 이슈가 무엇이고 독립적인 이슈가 무엇인지 미리 결정해 놓아야 한다. 또한, 우리가 궁극적으로 필요로 하는 것, 원하는 것에 대해서는 문제의 본질적 측면, 절차상의 측면, 관계설정상의 측면, 겉으로 보이지 않는 효과적 측면 등 여러 측면에서 고려되어야 한다.

본격적인 협상에 들어가기 전에 관계 단체, 기관 등과의 내부적 협상과 상대측과의 비공식, 비공개 접촉 등을 통하여 협상의 틀, 의제, 협상 절차 등에 대한 의견을 교환하여 효과적인 협상을 위한 사전 조율을 하는 때도 있다. 이런 경우에는 주로 협상 의전 절차와 관련하여 의견을 조율하는 것이 관례이다. 협상 장소를 양쪽 중 어느 쪽으로 할 것인지, 중립적 장소를 선택할 것인지, 협상시간 및 세부일정, 협상참석 대상, 협상 결렬 시 예상 대책 등이 검토의 대상이 된다. 이 절차는 예비회담과 본 회담의 성공을 이끄는 열쇠가 된다.

협상 준비단계에서는 협상가능 범위(ZOPA)를 확실하게 해야 한다. 협상가능 범위 안에서 목표를 선정해야 하며, 여러 이슈와 문제점을 모아 목표를 선정한 후에는 흥정할 것과 포기할 것을 충분히 검토하여 선택과 집중을 할 필요가 있다. 또한, 협상의 기본 안을 만들어 놓고 이에 대한 대체안(BATNA : Best Alternative To A Negotiated Agreement)을 준비해 두어야 한다. 여기에 최대 양보점, 즉 협상을 더 할 수 없는 조건(The reservation price : The point at which you plan to walk away)들을 정해 놓고, 한편으로는 ZOPA나 Walkaway point를 더욱 한 단계 올려 협상목표를 발전시켜 나가는 전략(Value created through trades)도 필요하다.

전략기획서는 종합적이고 자세히 작성하여야 한다. 전략기획서에는 협상 목표, 문제를 풀어나가는 시각, 정책 방향, 첨예한 이슈, 문제 상황에 대한 전반적 평가, 과거의 경험이나 유사한 상황에 대한 분석, 양측의 입장 분석, 문제의 본질적 측면에서 살펴본 장단기 이익, 상대측과의 관계개선 설정에 필요한 절차적인 측면, 보이지 않는 이해관계 측면, 1안, 2안, 3안으로 이어지는 전략적이고 효과적인 대안, 세부적인 시행 계획안(Action Plan), 각종 회의절차, 우선 필요한 준비사항 등이 포함된다.

기획서 준비를 위해서 현지에 출장을 다녀오는 등 비공식적인 접촉을 통해 상대측의 입장을 파악하고, 정보를 수집하는 동시에, 협상의제 순서와 절차 등에 대한 의견 교환을 한다. 이와 함께 내부 협상도 진행한다. 즉 협상 관련 단체, 기관 등의 의견과, 필요하면 언론여론까지도 사전 조율할 필요가 있다. 기획서에 작성하는 대안은 ZOPA를 확실히 정하고, 여러 이슈의 우선순위를 검토, 대안지원 논거 등을 개발시키고, 이를 위해서 관련 분야 전문서적, 직·간접 정보, 언론보도, 잡지, 전문가 자문, 관계단체 의견 등 종합적 정보를 구축해야 한다.

실행 계획안(Action Plan)에는 단계별 주요 이슈에 대한 우선순위 및 해결방안, 회의 접촉일정, 절차, 대표단 구성 등 제반 회의 준비 사항을 담는다. 특히 협상절차와 관련하여 다음 사항에 대해서는 비공식적 합의를 하는 것이 국제적인 관례이다.

- 협상장소 (양측의 한쪽 장소, 중립적 장소) : 비공식, 예비회의 장소 및 본회의 장소 등
- 협상시간 : 개최시각, 종료시각, 쉬는 시간, 내부 협의시간 및 세부 일정
- 협상대표: 회의 정식대표, 비공식 대표, 배석자, 참석자 수, 기자단, 관계기업·단체 등
- 협상결렬 때 예상대책 : 협상이 봉착할 때 제3자의 중재, 다른 창구로 재시도 등
- 의전 내용 : 호텔, 차량, 연회 등
- 홍보기획 및 마케팅

- 상대측에 대한 제반 참고사항: 상대측 목표, 대표의 스타일, 협상 역사, 다른 협상 관례, 상대의 법적 태도, 미디어 활용 등

예비협상 개시

예비 접촉이나 회담은 협상의 본 의제보다 상대방에 대한 정보를 파악하는데 비중을 둔다. 예비 협상에서는 협상 장소의 환경조성과 협상 내용에 대해 협의하는 것보다 그 문제를 다룰 상대방에 대해 정보를 파악하는 것이 더욱 중요하다.

상대방을 충분히 알지 못해 협상 시에 교감이 잘 이루어지지 않는 경우를 대비하여, 의미 있는 선물을 교환하며 상대측에게 만남의 목적과 가치를 인식시키는 것이 효과적이다. 선물은 인간 세계를 이루는 언어의 일부이며 협상은 기본적으로 인간관계에 깔린 상호주의를 기준으로 하기 때문이다. 또한, 오찬, 만찬에서 전통 음식을 대접하기도 하고, 문화 예술의 이해를 돕는 행사를 준비하여 상호 간의 이해와 협력 분위기를 조성하는 노력이 필요하다. 이는 본격적 협상을 위해 자연스럽게 정보를 교환할 수 있는 행사로, 협상자 간의 개인적 친분 관계를 증진시키고, 상대측의 협상문제에 대한 배경이 어떠한 것인지 파악하고, 상호 간 예상되는 레버리지를 비교하여 앞으로 전개될 협상에 대한 예상, 전망, 관찰 등을 준비해 놓을 수 있다. 이 교섭단계에서는 앞에서 설명한 협상의 6가지 기본 토대를 협상기술로 적절히 활용해 나가는 경우 효과적 협상을 이루어 나갈 수 있다.

예비협상 단계에서는 엄청나게 많은 정보를 수집해야 한다. 많은 의구심과 세심한 관찰력을 갖고 임해야 한다. 심지어 이 단계에서는 어떠한 질문을 하면 어떠한 반응이 나오는지 세심한 반응까지 관찰해야 한다. 특히 문화적 차이에 따른 반응을 잘 비교하여 감지하는 신경을 써야 한다.

예비협상의 단계는 아시아, 아프리카, 중남미 지역(Relation-Oriented)에서 중요시하며, 개인적 친분 관계가 잘 유지되어야 본 협상에서 좋은 결과가 나올 수 있다. 하지만 유럽과 미국 등(Task-Oriented)에서는 이 단계를 가급적 짧게 끝내고 본 협상으로 들어가기를 희망한다.

예비접촉의 목적은 크게 세 가지로 볼 수 있다.

첫째, 협상자 간의 좋은 관계 수립을 통해 협상 테이블에서 우호적인 분위기가 조성되도록 한다. 상대에 대한 관심을 표시하고, 공통된 취미를 발견하거나, 열정적인 인생의 경험을 교환하면서 효과적인 커뮤니케이션을 할 수 있는 기회이다. 어느 식당에 들어갔을 때, 직원이 친절하게 웃으면서 손님을 맞고 공손한 말과 태도로 주문을 받는다면 그 식당은 일단 손님을 끄는 데 성공한 것이다. 미국의 어느 저명한 기업가는 주차장 부지를 따내기 위한 계약에서 상대측의 취미가 경마임을 파악하여 협상에 활용해 성공을 거두었다. 또한, 1960년 중반 리비아의 원유구매 경매에서는, 양가죽 위에 입찰 내용을 아랍어로 쓰고, 아랍식으로 둘둘 말아 리비아 국기 색깔인 녹색과 검은색 리본으로 묶어 제출했다. 아랍문화에 대한 존경의 표시를 보임으로써 계약을 성사시킨 예다.

유명한 심리학자 로버트 치알디니(Robert Cialdini)는 커뮤니케이션 기술로서 '호감의 법칙(Liking Rule)' 을 강조한다. 우리는 우리가 알고 있고, 좋아하는 사람들의 요구에 대해서는 "Yes"라고 말하기 쉽다. 우리에게 가깝고 친밀하게 느껴지고 유사하다고 생각되는 사람에게는 좀 더 믿음을 갖는다. 호감의 법칙(Liking Rule)은 인간 심리의 강력한 힘이다. 그래서 우리는 클럽 회원으로 가입하고, 종교단체에 들어가며, 동창회에 소속된다.

외국에 나가 있을 때는 국적 등이 친밀성과 유사성을 준다. 이로 볼 때, 우리는 협상 시작 시에 분위기 조성을 위해 같은 경험을 겪은 이야기(아프리카 사막 여행 등), 같은 클럽(라이온스, 로터리 클럽 등)의 활동 이야기, 같이 알고 있는 취미의 지식(바둑, 체스 등)이야기 등으로 얘기를 시작하는 것이 좋다. 이러한 분위기에서 가능한 많은 질문을 주고받으면서 모호하거나 의심스러운 부분을 명확히 이해하도록 한다.

협상의제와 직접적 관련이 없는 대화를 나눔으로써 상대와의 인간적 관계를 발전시킬 수 있다. 실제로 실험을 통해 확인한 결과, 상대방에 대한 아무런 정보가 없는 상황에서 아무런 대화를 나누지 않고 협상에 들어간 그룹과 상대방과의 인간적인 대화를 통하여 우호적인 분위기를 조성한 후에 협상에 들어간 그룹을 비교하면, 첫 번째 그룹의 실패율이 훨씬 높다는 결과가 나왔다.

협상 초기에 인간관계를 정립하면 효과적인 협상을 할 수 있다. 모든 사람들은 개인적 차원에서 인정받고 싶어 한다. 개인적인 감사인사가 진정성을 담고 있다면 협상에 더욱 효과적으로 작용한다.

예비접촉의 두 번째 목적은 상대편이 바라는 점, 협상 시의 문제점, 문제를 보는 인식 등에 관한 폭넓은 정보를 입수하는 것이다. 즉 상대측은 누구이며 왜 그들과 협상을 하게 되었는지, 그들이 중요하게 생각하는 것은 무엇이며, 그들은 협상을 위해 무엇을 준비 중인지, 협상 상황에 대해서 어떠한 인식을 하고 있는지 등의 정보를 입수하는 것은 중요한 협상일수록 더욱 필요한 일이다. 효율적인 정보교환을 위해 전략적으로 커뮤니케이션을 해야 한다. 질문을 많이 하고, 말하기 보다는 경청하기를 즐겨야 한다. 상대편이 문화적으로 우리와 다르다는 점을 항상 염두에 두고, 주어지는 정보를 분석하고 관찰하며, 상대측이 원하는 바를 파악해 나가야 한다.

세 번째 목적은 상호 간의 레버리지, 혹은 기대감을 파악하는 것이다. 보통 레버리지가 낮은 경우, 미래에 대해 불안감을 갖기 때문에 협상장에서 종종 허세를 보이며 강함을 나타내려 한다. 레버리지가 낮다면 상대편의 우위적 힘을 솔직히 인정하면서 협력을 얻어내는 것이 성공적 관계유지에 도움이 된다. 레버리지가 높은 경우에는 자신 쪽에 유리한 거래를 도모하고 미래관계를 고려해 위협 수단을 사용하지 않으면서 탄력성 있게 활용해 나간다.

본 협상 개시
(Opening & Making Concession)

예비협상을 통해 파악한 정보를 바탕으로 지금까지의 전략기획을 수정하는 한편 인간적 관계수립을 이룩하고 상호 간 레버리지를 파악한 후, 원하는 바를 타협하고 합의에 이르기 위해 본격적 협상이 시작된다. 본 협상은 양측이 사전에 합의한 절차에 따른다. 우선 양측 수석대표가 전반적인 입장과 협상에 임하는 태도 등을 발표하고, 정해진 의제순서에 따라 협의를 개시하며, 의제의 종류가 많으면 소협의회를 구성하여 분야별로 별도 협의해 나가기도 한다.

본 협상단계는 여러 전략, 전술이 사용되는 단계이며, 협상이론 연구가들이 협상기술 측면에서 관심을 두는 분야이다. 그러나 협상기술은 상황에 따라 사용방법이 달라지므로 융통성이 있어야 하고, 또

상대협상가에 따라 방법을 달리해야 한다. 예를 들어 경쟁적 협상가에게는 일시적으로 경쟁적 기술을 사용한다든지, 협력적 협상가에게는 상호이익을 교환하면서 폭넓은 전략적 기술을 사용하는 식이다.

일반적인 협상을 기준으로, 협상의 기술을 살펴보자.

첫째, 본 협상에서는 먼저 제의를 할 것인지 판단해야 한다. 자신의 뜻을 먼저 밝힘으로써 협상으로부터 현실적으로 기대하는 범위를 선도할 수 있는 계기를 만들 수 있다. 심리적으로 정리조정 효과(Anchor & Adjustment effect)를 활용하는 방법이다. 특히 자신이 잘 알고 있는 분야의 협상이고, 그 분야에 대해 많은 정보를 갖고 있다면, 먼저 제의하는 것이 더욱 좋다. 왜냐하면, 협상자들은 서로 첫인상에 영향을 받기 때문이다.

다시 말하면, 인간은 인위적인 기준에 준거하여 스스로 조정하는 경향이 있다. 심리연구자가 연구한 결과에 따르면, 우리가 "8×7×6×5×4×3×2×1"과 "1×2×3×4×5×6×7×8"이라는 수식을 몇 초간 바라볼 때, 전자가 더 높은 수를 만든다고 생각한다는 것이다. 왜냐하면, 수식의 내용은 같지만 우리는 앞에서부터 서너 번째의 숫자까지만 관심을 집중하고, 나머지는 기존의 숫자로부터 추정하기 때문이다. 우리가 처음 몇 개의 숫자들에 준거를 두고 판단한다는 뜻이다.

둘째, 처음부터 상대측의 기선을 제압하도록 높은 요구의 제의를 하느냐, 또는 합리적이고 타협적인 제안을 하느냐이다. 우리 측이 레버리지를 가진 상황이라면, 처음부터 요구사항을 높여서 제의하는 편이 좋다. 부동산 거래 등에 적합한 방법은 먼저 강력하게 요구사항을 밝힌 다음, 상호주의 규범에 따라 천천히 양보해 나가는 것이다. 다만 첫 번째 제의를 할 때 전략적으로 보유한 특단의 논리를 사용하지 말고, 일반적인 논리를 사용하여 제의할 필요가 있다.

반면 상대측에 대한 레버리지가 없고, 상대측이 흥정을 원치 않으며, 미래 관계유지에 중요성을 두는 거래라면 합리적이고 타협이 쉽게 이루어질 수 있는 낮은 제의로 시작하는 것이 바람직하다.

셋째, 가장 효과적인 기술은 양해 전략이다. 인간은 거래할 때, 처음부터 공정한 가격으로 물건을 사기보다 흥정을 통해 양해를 받은 가격으로 사는 것을 더욱 기분 좋은 거래라고 생각한다. 흥정한 가격이 비록 공정한 가격보다 비싸더라도 마찬가지다.

양해전술에는 세 가지가 있다. 첫째는 높은 가격으로 시작해서 완강히 타협을 거부해 나가는 것, 둘째는 낮은 가격으로 시작해서 입장을 바꾸는 것을 거부하는 것, 셋째는 높은 가격으로 시작했다가 단계적으로 양보하여 낮은 쪽으로 움직이는 것이다. 이 중에서 세 번째 전술을 활용하면 통상적으로 더욱 많은 이익을 얻고, 상대측은 합의에 더욱 만족스러워 한다.

다시 말하면, 양보나 양해는 협력의 언어이다. 납득하고 받아들일 만한 구체적이고 믿음직한 요구조건을 상대편이 우리 측에 제시한다면, 합의를 위해 자신의 이익을 약간 희생할 필요성을 인식하게 되는 것이다.

상황에 따른 양해 전술에는 어떤 것이 있을까.

분쟁의 소지가 큰 문제에 대해서 상호 간 공동이익을 추구해야 하고, 미래관계 유지를 해나가야 하는 관계를 생각해보자. 비즈니스 상의 합작이나 합병, 파트너십에 대한 논의 등이 있겠다. 이런 경우, 타협을 위해 최선의 방법을 모두 활용하여야 한다.

단순한 관계를 잘 유지해 나가야 하는 상황이라면, 관용을 통한 해결방법을 택하는 편이 좋다. 우정이나 팀워크를 쌓는 것이다. 분쟁의 소지는 낮고, 관계 유지 인식이 높은 경우에 효과적이다.

반대로 분쟁의 소지는 크고, 관계유지 인식은 낮은 경우가 있다. 부동산을 매매하는 등의 거래가 있는 상황이면 경쟁의식을 통해 문제를 해결해야 한다.

분쟁의 소지는 낮고, 관계유지의 필요성이나 인식도 낮은 경우도 있다. 예를 들어, 신호등이 없는 교차로를 지날 때, 비행기 내의 좌석에 앉아있을 때는 무언의 협조가 필요한 상황이다. 될 수 있으면 분쟁을 회피하고, 관용과 타협 전술을 쓰는 편이 좋다.

상대편이 경쟁적 태도의 사람인가, 협력적 스타일의 사람인가에 따라 알맞은 양해전술을 활용해야 한다. 또한, 레버리지를 많이 가진 측이 양해를 적게 하므로, 레버리지가 어느 쪽에 유리한지 신중히 고려하여 양해전술을 사용하여야 한다.

마지막으로 본 협상전략과 상대측 협상 스타일에 따라 두 가지 전략을 구사할 수 있다. 경쟁적 교섭 (Distributive Negotiation)과 상호 협력적 교섭 (Integrative Negotiation)이다. 동일한 협상에서 두 가지 전략을 상황에 따라 바꾸어 가며 사용할 수 있고, 1개 전략을 선택하는 경우도 있다.

경쟁적 교섭 전략과 경쟁적 스타일에 대한 대응은 상대방을 속이고 판단을 그릇되게 유도하기 위한 최신정보, 첩보전으로 대비해야 한다. 특히 자신의 마지막 수락선인 마지노선(Resistance point)이 밖으로 노출되지 않도록 최선의 비밀을 유지할 필요가 있다. 반면, 상대측의 마지노선을 파악했거나, 상대의 마지노선이 예측되면, 협상결과에 별로 큰 관심이 없다는 태도를 보이면서, 협상의 성과에 비해 비용이 너무 많이 든다는 태도를 유지해 협상 가치를 인위적으로 절하시키는 편이 좋다. 이러한 태도는 상대측의 마지막 수락선을 낮추도록 유도한다. 반면, 상대측의 마지노선을 이미 예상하고 있다고 언급하면서, 상대의 요구가 너무 무리하다고 주장하고, 협상을 결렬하거나 지연시킬 수도 있음을 알리면서 상대의 마지노선을 낮추도록 유도하는 방법도 있다.

경쟁적 교섭 (Distributive Negotiation)의 전략 방향에 활용할 수 있는 유용한 전술은 다음의 9가지로 볼 수 있다.

1. 상대측의 폐기문서를 분석, 스파이 침투 또는 가무를 통한 정보 쟁취 등 상대측의 입장을 직·간접적인 방법으로 파악해 나간다.

2. 상대측에 흘러들어가는 우리 측 정보를 차단한다. 특히 교섭 초기에 우리 입장에 대한 정확한 정보가 흘러가지 않도록 언행에 유의할 필요가 있다. 이를 위하여 보통 Screening Activities (스크린에

가려 보이지 않게 하는 연막 활동)를 전개하며, 이와 관련한 상세한 활동 내용은 다음과 같다.

먼저, 포커페이스 (Poker Face) 유지를 위하여 가급적 말과 행동을 적게 하고, 가급적 말은 상대방에게 질문할 때만 사용하며, 상대측의 말에 대한 실망, 불만, 관심 표시 등을 하지 않는다. 중요한 단서를 주는 행위를 최대한 감춘다. 둘째, 정보가 최대한 새어나가지 않게 하기 위해서, 중요한 정보는 교섭대표에게만 전달한다. 셋째, 실제로 필요하지 않은 많은 협상 아이템을 제시하여, 실제로 상대측이 어느 것이 중요한 아이템인지 알 수 없도록 혼란을 준다. 넷째, 자신에게 유리한 방향으로 상대측의 입장변화를 유인할 수 있는 내용을 발표 (Selective Presentation)한다.

3. Deadline을 활용한다. 시간에 구애받지 않고, 압력을 받지 않는 쪽에서는 강력한 수단이 된다.

4. 매스미디어, 광고단체와 공표하여 압력을 가하거나 직접적인 방해 활동을 가한다.

5. 장거리 여행으로 인한 시차로 인해 피로해 있을 때 협상을 시작하거나, 협상을 끝내고 출국 직전에 상대측의 양해를 받아낸다.

(Schedule Manipulation)

6. 로그롤링(Logrolling)은 협상의 진행이 가능하도록 최대한 융통성을 발휘하여 서로 양해가 진전되도록 하는 전술이다. 상대측이 A, B를 양해하면, 우리 측은 C, D를 양보하는 패키지 거래(Package Concessions)이다. 이 전술은 마지막 협상 단계에서 활용해야 효과가 크게 나타난다.

7. 보기(Bogey)는 중요하지 않은 것을 중요한 것처럼 가장하면서 나중에 실제 중요한 것과 양해 조건으로 주고받는 전술이다. FTA 등 종합적 성격의 협상에서 유용하게 활용되는 기술이다.

8. 니블(Nibble)은 물고기가 미끼를 조금 물어보다가 안전하다고 생각되면 조금씩 갉아먹는 행위를 뜻하는데, 의제에 없었던 사항을 협상이 끝날 때쯤 요구하여 얻어내는 것으로 보통 조그만 상거래시에 활용되는 기술이다.

9. 치킨(Chicken)은 협상 상황이 팽팽한 경쟁 속에서 양보하지 않으면서 매우 심각한 상태에 이르렀을 때 사용하는 전술이다. 협상 양쪽에서 서로 위협적이고 강압적 태도로 나올 때, 협상을 깨지 않으려고 이 상황을 피하는 쪽을 Chicken이라 부르고, 계속 돌진하는

쪽을 Hero라고 부른다. 자동차가 양쪽에서 서로를 향하여 달려오는 상황이다. 이 전술은 노사 간의 협상이나, 적대 국가 간의 협상 과정에서 활용되고 있다.

상호 협력적 교섭(Integrative Negotiation)은 Win-Win에 이르기 위한 교섭 방향이다. 이 전략을 성공시키기 위해서는 자유스러운 토론 분위기와 개방적인 조건을 만들어 정보가 자연스럽게 흐르도록 해야 한다. 협상의제의 우선순위에 대해 정보를 교류하면서 상대측이 실제로 필요로 하는 것과 상대의 협상목적을 이해하려는 노력이 필요하다. 또한, 상호간 공동이익을 강조하고 갈등요인을 최소화하려는 노력과 더 큰 집합적 목표(Collective Goal)를 위해 작은 갈등을 극복해 나가려는 의지가 요구된다.

나아가서 양측의 목표에 맞는 해결방안을 강구하고 양측의 목표를 균형있게 달성하도록 협상하는 것이 최상의 상호 협력적 교섭(Integrative Negotiation) 전략이다.

상호 협력적 교섭(Integrative Negotiation)의 전략 실현 프로세스는 다음과 같은 2단계 절차를 거친다.

1. 양측이 모두 수락할 수 있는 중립적 문제해결 방안을 정리하여

발표한다. 이 해결방안은 서로가 완전히 합의할 때까지는 최종 입장이 아니라는 점을 밝히고, 양측에서 일부 불만족스러운 부분에 대한 반대감정을 시간을 두고 약화시키는 전술(Soft Bunding)이 필요하다. 또한 중요 문제해결에 중요성을 두고 부수적 문제나 관심은 본질적 문제 해결에 도움이 되지 않음을 분명히 하고, 상호 양해를 교환하며 함께 극복해 나가는 절차를 마련한다. 무엇보다도, 협상 문제에 대한 충분한 검토를 거쳐 가능한 많은 대안을 제시할 때까지 한쪽에만 유리한 해결책 발표는 피하도록 힘쓴다. 그러나 최종선택의 마무리 단계에서는 코멘트를 달지 말고 a single text로 합의 내용을 컨센서스로 결정하는 것이 바람직하다.

2. 문제의 본질을 충분히 이해하며, 상대편의 이익과 필요한 것을 명확히 한다. 입장(Position)과 이익(Interest)간의 차이점을 명확히 구분하여, 입장 차이에만 집착하지 말고 실질적인 공통 이익이 될 수 있는 여러 대안(BATNA)을 찾아내는 노력이 필요하다. 이를 위해서는 창조적 대안으로 파이를 크게 키워 나누는 방법, 패키지 딜, 간접적 이익 또는 중장기적 이익 나눔 등을 생각해 볼 수 있다. 가장 좋은 대안을 선택하려면 가장 공정하고 균형 잡힌 해결의 범위를 찾아보고, 해결 대안의 내용과 현실적인 시행 가능성을 검토해보아야 한다. 객관적인 범주가 아닌지, 혹은 주관적인 선호를 합리화 시키지 않았는지도 확인하고, 대안을 선택하는 과정에서 외부로부터 영향

을 받았는지, 제3자에게 자신이 승리자인양 인정받으려는 욕심에서 이루어진 것은 아닌지 분석해 볼 필요가 있다.

협상종료 및 이행
(Closing and Gaining Commitment)

성공적인 본 협상 종료는 후속협상으로 이어지거나, 합의서를 작성해 서명이나 가서명을 한 다음 발표함으로써 이루어진다. 합의서에는 공동합의문(Joint Communique), 합의문(Agreement), 공동발표문(Statement), 보도자료(Press release) 등이 있다.

협상이 실패로 끝나는 경우는 최초에 합의된 협상시일이 완료(Dead Line)되어 회의장을 떠나는 상황("At this time" 의 용어를 사용하여 추후 협상 가능성을 열어 놓아두는 경우가 많음)이나 협상결렬(Walkout), 협상고착(Impasse; 보통 제3자의 개입요청 필요)의 상황이 발생한다.

조약합의나 계약합의가 이루어지면 자구수정과 부속합의서 등을 작성하여 양측 대표가 서명한다. 국가 조약인 경우, 의회에 비준서를 기탁해 동의를 받은 후에 공식적으로 발표하고 서명한다. 서명을 위한 체결의식으로 축하 악수, 샴페인, 상호인사, 미디어 발표, 선물교환 등을 하여 양측의 합의 이행을 약속한다.

협상당사자 양측은 내부평가를 거쳐 후속조치 이행에 대한 세부계획(Action Program)을 만들어 이행한다. 다단계 협상교섭인 경우, 1단계에서 4단계 작업(준비 → 교섭 → 합의 → 이행)을 여러 번 거치면서 단계적 협상을 종료한다.

N e g o t i a t i o n

국제협상을 위해서는 가장 기본적으로 국가나 지역 간의 문화가 다르다는 것을 인식하고, 언어의 차이와 의사결정 형태의 차이를 극복하기 위해 국제 협상가로서의 마인드와 기본 소양을 준비해야 한다. 이에 대한 내용은 앞서 국제협상가의 덕목과 자질 항목에서 상세하게 기술하였으므로, 본 항목에는 국제협상의 분야별 모델 및 국가와 지역별 모델을 제시하고, 서로의 차이점을 이해함으로써 현장의 협상기술력을 높이고, 폭넓은 협상 마인드를 제고하도록 하겠다.

국제협상 모델

08

분야별 모델

세계 각국의 협상모델 비교

분야별 모델

국제사회의 정치, 경제, 사회, 문화 등 제 분야에서 일어나는 협상의 원인을 분야별로 나누어 설명한다.

(1)국제안보

국제안보 분야는 20세기 초반에 시작된 전통적 협의의 외교 협상 분야이다. 지금까지도 각 국의 외교채널 간의 교섭이 진행되는 분야로서, 교섭 당사자들은 해당 정부의 훈련 또는 지침에 따른 협상을 하게 된다. 따라서 협상가의 재량이 가장 적게 허용되며, 뚜렷한 협상결과가 쉽게 나타나지 않는 성격이 있다.

안보협상은 보통 단계적으로 국장급 실무회의, 각료회의, 정상회의 등의 단계를 거쳐 이루어진다. 안보협상의 방법은 쌍무협상, 다자협상, UN 등 국제기구 내 이슈협상 등 다양한 형태를 보인다. 냉전 시대의 양극체제(Bi-polar system) 속에서는 양자회담이 주로 이루어져 왔으나, 냉전 이후 다자체제(Multi-polar System)가 됨에 따라 최근의 한반도 문제를 둘러싼 6자회담처럼 다자간 협상이 많아지고 있다.

국제협상에는 명분과 실리라는 두 줄기가 흐른다. 안보협상 분야는 주로 명분을 높이는 협상이 이루어지고, 경제통상 협상은 실리를 찾는 협상이 진행된다. 따라서 양 분야의 협상은 전반적인 보완관계 속에서 추진되는 것이 가장 합리적이다.

시대환경과 필요성에 따라 명분과 실리추구의 저울추가 움직이는데, 역사적인 흐름에서 볼 때 명분과 실리는 균형을 이룬다. 우리나라는 이승만 대통령 시절에 반공을 이념으로 삼았으므로, 이념을 수호하는 명분을 얻기 위해 대미외교가 중심을 이루었다. 박정희 대통령이 6·23선언을 한 이후, 이승만 대통령이 고수했던 홀슈타인 정책(서독이 동독을 승인한 국가와는 국교수립을 하지 않는다는 외교정책)을 버리고 북한을 승인한 모든 제3국가와도 국교수립을 맺는 실리 외교로 전환하였다.

미국 민주당 카터 대통령의 도덕외교는 명분을 중시하는 대표적인 예이고, 미 공화당 닉슨 대통령의 대중국수교는 실리를 중시하는 안보협상의 대표적인 예이다.

국제 안보협상에서 협상가가 지녀야 할 대표적 협상기술을 살펴보자.

첫째, 협상환경은 고착된 것이 아니다. 그러므로 기술적, 전략적 요소를 연계 활용하여 환경을 유리(Shape the profitable situation by identifying linkage)하게 만들어가야 한다.

둘째, 협상연혁과 교섭상황을 분석하고, 협상대상자에 대한 지속적 제반 정보를 수집해야 한다.

셋째, 협상의전 절차, 효율적인 교섭단 규모 등 최대한 유리한 협상절차(Master of process design)를 검토해야 한다.

넷째, 적절한 강온 협상으로 균형감각을 유지해야 한다.

다섯째, 신뢰 있는 인간관계를 유지하면서 자신의 원칙과 뜻을 고수하며 분쟁관리를 한다.

여섯째, 합의를 위한 계기(Build momentem toward agreement)를 만들어 합의에 이른다.

일곱째, 대외 협상활동뿐만 아니라 대내적인 협상지침, 준비 과정의 원활화, 내부 여론지원 등이 함께 잘 이루어지도록 해야 한다.

(2)국제통상

제2차 세계대전이후 GATT 체제가 출발하여 글로벌 시장이 형성되고, 세계 자유무역 시대가 도래했다. 1986년에는 세계무역기구(WTO)의 창설을 위한 움직임이 시작되었고, 1994년 4월 마라케시 각료회의를 통하여 WTO가 정식 발족하였다. 이로써 세계경제는 국제통화기금(IMF), 세계은행(IBRD)과 함께 세계무역기구(WTO)의 3두 체제로 유지되고 있다.

한편, 지역적으로는 EU외에 북미자유무역협정(NAFTA), 남미공동시장(MERCOSUR) 등이 설치되어 관세동맹으로부터 공동시장 구축을 통한 경제동맹으로의 발전을 꾀하고 있다. 그러나 WTO 체제가 개도국, 선진국 간에 벌어지는 입장 차이를 해결하지 못해 도하개발아젠다(DDA) 협정체결이 이루어지지 않아 실효를 거두지 못하고 있고, EU 외에는 지역협력도 별다른 발전을 보지 못하고 있다. 따라서 세계적인 통상자유 환경 속에서 무역교류 증대를 위한 시스템으로

FTA가 보완적인 역할을 시작하고 있다.

국제통상협상은 협의의 무역수지 불균형, 산업구조의 차이점(Social Dumping), 무역상품구조의 차이와 경제과학 기술차이, 정치 역학적 요인 등의 구조적 요인과 더불어 통상 분야의 새로운 과제인 환경, 사회덤핑(GR), 노동문제(BR), 경제정책(CR), 지적재산권, 기술라운드(TR), 투자분야(IR), 전자상거래(ECR), 부패문제(CR), New Round 이슈, 비관세 정책기구 등의 요인을 포함한 매우 복잡한 양상을 띠고 있다.

따라서 국제통상 협상가는 국제정치, 안보, 문화의 이해와 함께 통상이슈에 대한 전문적 지식(법률적 요소, 경제적 요소, 경영적 요소, 외교적 요소)을 바탕으로 협상해야 하는 고도의 기술이 필요하다. 또한, 통상이슈에 접근할 때에도 국가별 접근, 산업별 접근, 통상이슈별 접근, 국제통상기구별 접근 등 방법이 다양하다. 이 모든 문제를 자국의 국내정책과 각 분야의 국제화 정도에 따라 어떻게 구체화시켜나갈 것인지 고민해야 하므로, 고도의 협상기술과 분석능력이 요구된다. 특히 서비스산업의 경우, 문화를 이해하고 노동인력의 국제적 효율성을 제고할 때 유연성이 있어야 한다. 또한, 국제통상협상은 관례(Practice)와 절차(Procedure)를 따라야 하고, 통상의제에 대한 준거조항(Terms of Reference)을 이해하며, 게임의 규칙과 협상의

제의 동태적 변화에도 신속히 대응해야 한다.

국제통상은 많은 의제를 한꺼번에 다루어야 한다. 그러므로 먼저 쉬운 의제를 취급하여 협상진전의 계기로 삼아야 한다. 둘째, 로그롤링(Log Rolling)이 가능하도록 외견상 관련이 없는 의제를 협상에 포함하거나, 셋째, 모든 의제에 대한 충분한 토의 없이는 완전한 합의 성립이 불가능하다는 기본 규칙 채택도 필요하다. 더불어 협상의제가 복잡한 경우에는 병렬적 접근(Two fold approach)으로 당사자의 공동목표를 기술하는 합의안을 개발하고 그 합의안 속에 상세한 의제별 합의내용을 창출해 나가는 접근법도 유용할 것으로 보인다.

(3)국제기업

세계 경제 환경이 변화하면서 글로벌 기업들이 발전하고, 다국적 기업이 무수히 탄생하고 있다. 국제적 기업은 관계적 계약(Relational Contracting)을 선호하며 전략적 제휴, 사업파트너 계약, 기업 간 연합, 합작투자 등 장기간 기업 간 관계유지 노력에 의존하고 있다.

국제기업 간의 협상은 주로 경쟁적 환경에서 이루어진다. 그러므로 협상을 진행할 때 당사자 간의 이해관계가 직접 상충한다는 고정관념에서 출발하게 된다. 따라서 협상과정에서 비합리적인 갈등이 쉽게 증폭될 수 있고, 상대방에 대해 깊이 이해하려는 태도보다는 평가절하하려는 태도가 본능적으로 나타난다.

이러한 국제기업 협상의 특징을 고려할 때, 전문적인 조정자의 도입을 통해 합의안을 개발하고, 양측이 이에 합의한 후, 최종 합의에 이르는 방법도 유용하다. 합의를 할 때에는 효과적인 분쟁 해소 방안을 포함하여, 분쟁비용을 절감하고, 시간을 절약하며, 감정적인 소모도 줄일 필요가 있다.

국제기업 협상기술은 대체로 소수의제이다. 1단계로 당사자 간의 이익사항에 대한 상반적 이해, 즉 갈등이 존재하는지 확인하고, 2단계로 양측의 관심사항을 정밀히 분석하여 교섭기술에 융통성을 발휘하고, 양측의 욕구를 조화롭게 나가는 방법을 모색하며, 3단계로 상호 간의 욕구를 낮추어 합의를 해나가는 절차를 반복해야 한다. 협상의 전략적 대응방안으로 수익성, 경제성을 최우선으로 하는 효율적인 자원배분이나 리스크의 최소화를 위한 방안을 마련해야 한다.

이를 위해서는 예비 현지조사 후, 협상대표나 최고의사결정권자가 직접 현장을 방문하여 대응방안을 마련하고, 전문가의 의견을 활용하거나, 전문 집단의 의견을 수렴하여 의사결정 자료로 활용하거나 사회경제적 지수, 사회적 갈등지수, 정책과정지수 등 가중치가 갖는 지수를 계량적 방법으로 시계열분석 하거나, 가상 상황을 설정하여 이에 따른 대응방안을 사전대책으로 수립하는 방법이 있다.

(4)국제행사 유치

국제협상에는 2가지 전형이 있다. 즉 일방이 모든 혜택을 다 갖는 경쟁적 교섭(Distributive Negotiation_Winner takes all)과 쌍방이 혜택을 나누어 갖는 협력적 교섭(Integrative Negotiation_Win-Win Approach)으로 나누어 볼 수 있다.

전통적인 국제행사 유치 협상의 형태는 이익을 독차지하는 경쟁적인 교섭의 형식이었으나, 최근에 들어서는 상호협력적인 교섭의 형태로 이익을 나누는 협상이 늘고 있다. 2002년 한·일 월드컵 공동개최가 그 좋은 예이다.

국제행사 유치 협상가는 이중문화 해설가(Cross-Cultural Interpreter)로서 문화의 다양성을 포용할 수 있는 능력을 키우고 세계 각국의 협상문화에 대해 깊이 이해하는 국제인으로서의 소양과 전문성을 키워나가야 한다.

국제행사 유치를 협상 주체를 대상으로 구분하면 정부 간 국제기구주관 행사(국제박람회, BIE 공인 엑스포)와 민관 국제행사(올림픽, 국제우주대회 등) 그리고 순수민간단체 행사(월드컵 등) 등으로 구분된다.

국제행사에 따라 유치활동에 차이가 있다. 정부 간 국제기구인 경우, 협상대상자가 정부의 대표로서 관례상 정부의 훈령에 따른 입장을 취하므로, 대표 개인에 대한 협상과 더불어 정부관계부처에 대한 공식협상도 동시에 이루어져야 한다. 국제행사 유치의 후보지로 선정되는 경우, 보통 사전조사단을 현지에 파견하여 준비상황을 평가하는데, 행사 개최의지(정부 또는 자치단체 지원 등), 재정능력, 시설기반 준비상황, 행사운영능력, 개최지 매력도에 대해 기본적으로 평가하므로 사전에 준비가 철저히 이루어져야 한다. 유치 협상을 위해서는 기본적으로 유치 당위성 개발(역사성, 주제개발 등), 참가자 경제적, 사회문화적 이익논리 개발과 한국의 특수상황의 적절한 활용 아이디어 및 대륙별, 지역별 순환개최 가능성도 분석되어야 한다.

다음 단계는 유치활동을 사전 준비해야 한다. 국내에서 내부의 입장을 조율하는 등 내부협상을 비롯해 유치행사 기구, 또는 협회의 사무국 요원, 의장단 기구 내의 실제 영향력 분석, 인간관계 구축을 위한 노력이 필요하다. 또한, 해당 조직 내의 주요 인사 중에서 한국에 우호적인 인사를 물색하여 자문을 받거나 필요한 정보를 입수하는 노력도 병행하여야 한다. 특히, 경쟁상대측의 준비상황에 관련된 모든 정보를 우리나라의 해외 공관, 관련 지사, 단체 등을 통해 입수하는 노력이 필요하며, 이를 바탕으로 경쟁력 있는 철저한 프레젠테이션을 준비해야 한다.

그 다음 단계로 본격적인 유치협상을 전개한다. 인간관계를 맺은 관련 사무국 인사와의 협조를 받아 유치 논거 등의 전략을 재정비하고, 주요 전략요충지에 협상가를 파견하는 등 전 방위 협상활동을 전개하고, 마지막으로 총회참석 대표단에 총체적인 전략적 홍보와 협상활동이 이루어져야 한다.

국제행사 유치 협상은 서두에 기술한 바와 같이 보통 경쟁적(Win-Lose) 협상으로 유치가 이루어지기 때문에, 유치가 이루어진 후에도 실패한 경쟁대상에 대한 배려, 사무국, 의장단에 대한 사의 표명, 전체소속 회원에 대한 감사와 행사 준비 의지를 재표명함으로써 실제로 행사를 준비해 나가는 과정에서 긴밀한 협력을 받을 수 있는 분위기를 사전에 조성할 필요가 있다.

(5)테러, 인질협상

테러 인질 사건은 역사적으로 끊임없이 발생되어 왔다. 특히 20세기 후반부터 전통적인 주권국가(Nation-state)의 안전을 위협하는 국제적 테러리스트 그룹이 저항세력을 이루었고, 정보 기술과 교통수단의 발전으로 세계화가 급속히 이루어지는 과정에서 경제, 사회, 문화적 갈등이 커졌다. 소외된 계층의 반발심과 불공정한 경제사회 환경에 대한 불만으로 세계 각국에서 테러 인질 사건이 자주 발생하고 있다.

테러, 인질 협상은 사건마다 복잡하고 특수한 배경을 감안해야 하므로 획일적인 전략전술과 협상의 틀을 간단히 기술하기는 불가능하다. 별도의 세심한 전문적 분석과 관찰이 필요한 협상이다. 다만 일반협상의 개념과 비교해 보편적인 대 테러인질 전략전술과 협상의 틀은 다음과 같다.

첫째, 테러·인질 협상은 협상전략을 극비로 유지해야 하며, 처음부터 정부가 개입할지의 여부를 판단해야 한다.

둘째, 모든 상황에 해당되지는 않지만 대체로 납치범의 체면을 살려주는 전술이 효과적이다.

셋째, 납치범이 단독범행을 했다면 시간과의 싸움이 중요하다. 납치범이 지치도록 살라미 미끼협상(찔끔찔끔 미끼를 주는 방법)을 하는 것이 효과적이다.

넷째, 테러단체를 상대하는 경우에는 여론 활용과 정보채널을 통하여 상대측의 의도를 꿰뚫어 보면서 심리적인 투항을 유도할 필요가 있다.

다섯째, 특수한 경우이지만 인질이 된 사람에게 감동되어 강경책을 포기한 전례도 있으므로 모든 가능성을 열어놓고 신중한 대책을 마련해야 한다. 특히 인질의 육성공개 등 여론몰이와 심리전에 유의해야 하며, 이 경우 매스미디어의 역할이 매우 중요하다.

테러리스트의 인질석방협상을 위해서 다음 세 단계를 유의해야 한다.

첫째, 협상 전 단계(Pre-negotiation)에서 테러의 목적이 정권탈환인지 또는 단순한 치안불안이 목적인지의 여부를 파악하고, 상대측의 존재를 인정해 핫라인을 구축하며, 인질의 건강 확인, 식료품, 생필품, 의료품 등을 제공할 루트를 확보해야 한다.

둘째, 협상의 틀을 정하는 단계(Formula-made)이다. 상대측의 요구를 파악하고, 이해관계자와 외부 변수 등을 이용해 압력을 가하며, 기습적인 구출 작전 시에 인질범의 공포심이 높아지면 인질을 살해할 가능성이 높아질 수 있으니 이에 대한 대비를 하여야 한다. 또한, 협상 시안이나 기간에 따르는 피로감이 협상에 영향을 미치는 변수임을 고려한다.

셋째, 세부협상(Details of negotiation)단계는 본격적 협상이 진행되는 단계이다. 모든 협상수단과 전략을 활용해 협상의 접점을 찾고, 철저하게 상호주의(Give and Take)원칙을 적용한 협상을 진행한다. 인질협상에는 거짓과 술수, 배반, 약속 불이행 등의 가능성이 존재하므로 협상윤리의 범위를 넘기는 경우가 종종 발생한다.

세계 각국의 협상 모델 비교

각국의 문화적 특성과 정치, 사회적, 역사적 환경 또는 지정학적 문제 등을 고려하여 국가별, 지역별로 다른 성격의 협상 모델을 비교해 본다면 좀 더 효과적이고 효율적인 협상방법을 찾을 수 있겠다.

먼저 한국 협상의 특성과 북한의 협상태도, 일본, 중국 등 동북아시아국가의 협상모델, 그리고 미국, 유럽 등 서구지역, 기타 동남아시아, 중동아프리카 지역의 협상문화 등을 간략히 비교해 보자.

(1) 한국

1) 규범적 협상모델

한국의 협상모델은 관계 중심적인 문화를 바탕으로 가부장적인 유교문화의 색채가 남아있어 수직적이고 집합적인 문화성향이 있다.

전통적으로 직접 소통을 하기 보다는 제3자를 통해 간접적인 의사소통을 해왔고, 거절할 때에도 명백한 표현을 하기보다 완곡하게 표현하는 경향이 있다. 정보처리에 있어서 구체적인 내용보다는 전체적인 맥락을 중요시하고, 문제해결을 할 때 인간관계를 중심으로 처리하는 경향이 강하다. 중국과 비교할 때 자기주장에 소극적인 측면이 있지만 협상에 대한 준비는 매우 철저하고, 협상태도는 적극적인 것으로 평가되고 있다.

2) 한국인의 협상마인드

한국인은 '협상을 시작한다' 는 자체에 대해 선입견을 갖고 있다. 협상을 하는 것을 그동안 상대측과 상호신뢰관계가 없었다는 뜻으로 받아들인다. 따라서 협상자가 협상 자체에 대한 거부감을 갖고 있는 경우가 많다. 이런 경우, 협상에 임하는 능동적인 의지가 약해지고, 주도면밀한 준비가 부족하여, 협상에서 약자의 처지에 놓이기 쉽다. 부정적인 틀을 가지고 출발한 협상에서는 심리적 갈등을 최소화하기 위한 수세적 위치에 서게 된다.

한국인은 협상에 임할 때 상거래적사고와 인간관계적인 사고가 혼재되어 있다. 노사협상을 예로 들면, 처음에는 임금과 상여금 인상의 문제에서 출발했다가도, 노조의 요구가 마치 사용자의 권위에 대한 도전이나 배신으로 받아들여 협상 이슈와는 동떨어진 문제로 발전하곤 한다.

협상은 협상 대표가 누구인지에 따라 결과에 큰 영향을 미친다. 한국은 일반적으로 협상이슈를 직접 다룰 수 있는 대표의 능력 등 협상대표의 중요성에 대한 인식이 부족하다.

3) 한국인의 협상에 임하는 태도

일반적으로 한국인은 강자와의 협상을 필요악으로 보는 경향이 있다. 한국인에게 협상은 힘에 따라 이루어진다는 생각이 강해서 결국 제로섬의 결과를 낸다. 문제보다는 사람에 비중을 두고 접근하는 경우도 많다. 협상의 핵심보다는 협상 당사자들 간의 관계에 집중하는 경향이 크다. 한국인의 협상전략은 주로 단계적인 위기의 확대와 극단정책(Brinkmanship)을 사용하고, 집단 내부의 유대 강화를 위하여 협상입장을 대외적으로 어떻게 표현할 것인가에 중점을 둔다.

외부에서 말하는 한국인의 특징을 보면 대체로 "안 되는 것도 되는 것처럼", "어려운 것도 쉬운 것처럼", "없는 것도 있는 것처럼", "못하는 것도 할 수 있는 것처럼" 말하고 행동한다고 한다. 또한, 한국인은 추어주고 계속 칭찬하면 모든 비밀을 다 털어놓고 쉽게 양보하는 경향이 있고, 계약문서도 대강 훑어보고 세부적인 검토 없이 그냥 서명해 버리는 경우가 많다고 한다.

4) 역사 속의 한국인 협상모델

가) 서희의 대 거란 협상모델

한국의 역사적인 협상모델로는 서희의 외교협상이 좋은 모델이 될 수 있다. 서기 993년 거란의 소손녕이 80만 군대로 고려를 침입했을 때의 이야기다.

동 협상을 Ⅶ절의 협상절차(협상전략, 전술의 이해) 측면에 대비하여 분석해 보자.

1단계인 전략 기본준비단계를 살펴보면, 당시 고려왕궁은 투항론과 평양 이북 땅을 거란에 양보하자는 할지론으로 나뉘었으며, 할지론이 우세한 상황이었다. 고려왕궁은 거란의 침입 의도를 파악하여 이에 대비할 목적으로 1차 협상, 2차 협상을 벌였다.

2단계 예비협상에 비교되는 3차 협상 대표였던 서희는 할지론에 반대하고 적과 일전을 겨룬 뒤, 그때 가서 화친을 논하여도 늦지 않을 것이라는 입장을 갖고 있었다. 서희와 소손녕은 첫 상견례에서 신경전을 가졌다. 건물 안 상좌에 앉아있던 소손녕이 "나는 대국의 귀인이니 뜰에서 나에게 절하라."라고 하자 서희는 "신하가 임금을 뵐 때 그렇게 할 수 있으나, 두 대신 간의 대면은 그럴 수가 없다."고 반대하여 한동안 신경전을 벌인 후, 소손녕이 뜰로 내려와 서희와 마주 서서 인사를 나누었다. 이는 상대방에 대한 정보를 파악하는 예비협상의 단상을 보여주는 실례라고 볼 수 있다.

3단계인 본 협상에서는 침략이유를 문제로 공방전이 이어졌다. 소손녕은 "고려가 신라를 이어받고, 거란은 고구려 옛 땅에서 나왔으므로, 평양 이북의 땅은 자신의 땅이므로 돌려주어야 하며, 이웃인 거란보다 바다 건너 나라인 송나라를 섬기는 것은 거란을 무시하는 처사" 라고 침략이유를 주장했다. 이에 대해 서희는 "고구려의 후예는 평양에 국도를 설치한 고려이고, 거란과 국교가 안 통하는 것은 압록강 안팎의 우리 땅을 점령하고 있는 여진 때문이며, 이로써 육로로 건너기보다 오히려 바다로 건너기가 쉬우므로 송과 국교를 통하는 것이다. 따라서 여진을 몰아내고 옛 땅을 돌려주면 국교의 지가 있음을 너의 임금에게 알려 전해주기 바란다." 라고 대응하였다.

서희가 이렇게 당당히 주장할 수 있었던 이유는 협상 1단계인 전략기획단계가 철저히 준비되었기 때문이다. 당시 거란족은 안주 공격 시 고려의 유방이 승리하여 퇴진한 이후에도 계속 항복만 권유하며 더 이상 남쪽으로 진격하지 않고, 물리력 행사 없이 80만 숫자만을 과시하면서 사절단을 통해 항복을 독촉했다. 그러므로 거란이 전쟁보다는 협상을 원하고 있다는 점을 감지하였다. 송나라와의 세력다툼으로 고려 국경의 안정 확보와 후방지원이 필요하므로, 고려와 적대적 태도를 유지하지 않으려는 거란의 속셈을 파악했던 것이다. 또한, 서희는 평소 성종의 신뢰를 쌓았고, 전직 민관어사이자 세도가인 이지백의 지원을 받는 등 내부 협상 능력도 갖추고 있었다.

협상의 결과, 거란은 압록강 동쪽의 강동 6주를 고려에 반환하고 고려와 교통하기로 합의하였고, 이후 서희는 소손녕의 연회초청에 응하여 좋은 인간관계를 계속 유지함으로써 미래 협상에 대비한 긍정적 분위기를 유지하며 성공적인 후속협상을 마무리했다.

나) 포스코의 신화 박태준 회장의 대일본 협상모델

포스코의 신화를 이뤘던 박태준 회장이 1969년에 포항제철설립자금을 마련하기 위해 대일 청구권을 레버리지로 활용하여 대일본협상을 성공한 사례를 살펴보자. 박태준 회장의 협상가로서의 자질과 덕목을 한국협상가들이 벤치마킹하기를 바란다.

첫째, 뚜렷한 협상 목표를 설정하고 전략적인 협상에 임하였다. 박 회장은 (1)일본의 3대 제철소인 하아타 제철, 후지제철, 니혼강판의 지원을 바탕으로 일본철강연맹의 확약을 받기 (2)일본 내각의 대신들과 의회지도자를 만나 마음을 돌려놓기 (3)강력한 후원자인 야스오카 등의 지원을 받아내기 등 3가지 목표를 설정하고, 치밀한 협상 전략을 세워 끈질기게 협상을 추진하였다.

둘째, 일본인을 설득시키기 위해 완벽한 일본어 구사능력을 갖추었다. 일본에서 성장하면서 습득한 언어, 일본문화가 이윽고 "근대화 조국"을 위한 능력으로 발휘된 것이다. 박 회장은 자서전에서 '만약 일본어를 완벽하게 구사하지 못했고, 일본인의 문화적 특성을 깊이 파악하지 못했다면, 자신의 인격과 신념을 고스란히 알릴 수가 없었을 것' 이라고 밝혔다. 이를 통해 국제협상가의 현지어 구사능력은 아무리 강조해도 지나치지 않는다는 사실을 알 수 있다.

셋째, 강렬한 애국심을 갖고 협상에 임했다. 국가와 국가 간의 협상에서는 특히 신념을 불사르는 애국심이 필요하며, 이러한 열정 어린 마음이 상대 협상자에게 전달되면 감동을 불러일으킨다. 세계 각국에서 외교관의 주요 덕목 중 하나로 철저한 국가관을 꼽고 있고, 고위 외교관의 자질평가기준으로 삼고 있음은 이를 입증한다.

넷째, 상호 간의 공통이익을 찾아 이해를 도모했다. 박 회장은 평소에 일본을 알아야 공통이익을 찾을 수 있고, 일본을 이용할 수 있다는 '용일주의' 를 신념으로 삼고 있었다. 국제협상가의 기본 덕목으로 Dual-Lens Approach, Cross-Cultural Interpreter를 내세우는 이유를 여기서 찾을 수 있다.

다섯째, 협상 레버리지의 모색을 위한 정보 수집 및 협상 논거를 발전시키기 위한 피나는 노력을 하였다. 박 회장은 당시 일본의 오히라 통상성과 했던 협상을 회고하면서 그를 세 번째 만났을 때에야 비로소 그를 설득할 수 있었었다고 했다. 그는 일본이 어느 정도의 경제규모에서 무슨 이유로 제철소를 건설했는지에 대한 자료를 분석하다보니, 일본이 단순히 산업적 목적에서 제철소를 세웠던 것이 아니라 안보적인 차원에서 제철소 건설을 고려했다는 사실을 발견했다. 그래서 그는 한국이 제철소를 건설하려는 이유로 북한이 남한보다 5배 넘는 철강을 생산해서 대규모로 무기를 만들고 농기계도 만들고 있다는 사실을 제시하였다. 따라서 한국이 제철소를 짓겠다는 것은 산업적 수익성뿐이니라 안보적 차원도 고려한 정책이라고 설득하고, 한국의 안보는 일본의 안보와 직결되는 문제임을 강조하며, 일본정부를 설득시켰다는 것이다.

협상가는 문제를 폭넓게 전략적으로 보는 습관이 필요하며, 다양한 문제해결방안을 모색하는 것이 필요함을 보여주는 실례다.

5) 한국정부의 통상협상

가) 초기 통상협상 환경 및 협상태도

우리나라는 1960년대 이후, 수출주도형 국가로 전환하였다. 이때부터 미국을 필두로 외국의 한국시장에 대한 개방요구가 시작되었고, 1980년대 중반에 이르러서는 심각한 상황에 이르렀다. 국제 경쟁력을 확보하지 못한 국내 산업을 보호하기 위한 한국정부의 협상태도는 대단히 방어적이고 수세적일 수밖에 없었다. 이러한 통상 협상 환경에서 정부의 협상 담당자들은 외국정부의 개방요구에 대해서 어떻게든 방어를 하게 되면 성공한 협상자로 평가되었다. 그 이유는 정부의 각 부처가 해당 산업의 후원자이며, 외부의 압력으로부터 해당 산업을 보호하는 것이 정부의 소임이라고 생각하고 있었기 때문이다.

당시에는 수석대표를 어느 부처에서 할 것인지, 부처 간의 다툼이 종종 발생했다. 그러면서 하위 직급자는 모든 결정 권한을 부처 내의 최고 책임자에게 위임했다. 이로써 정부행정 조직상 상위부서 또는 상급자로부터의 요구 때문에 할 수 없이 시장을 개방하게 되었다는 인상을 관련 산업계 및 국민에게 심어주게 되었다.

나) 협상 조직 체계의 변환

우리나라는 1960년대 차관협상 시대로부터 70~80년대 초의 통상분야 개도국 특별대우 시대까지는 부처 간 갈등 조정기구가 부재하였다.

1980년대 후기부터 1990년대 초까지 통상 분야의 실질적 총괄은 경제기획원(대외경제조정실), 형식적 총괄은 외무부(재외공관)가 맡았다. 수입자유화 문제 등 통상교섭이나 산업협력은 상공부(현 지식경제부)가 여러 경제 관련 부처와 협의하여 결정하는 중심적 역할을 했고, 관세협상이나 금융협력은 재무부를 중심으로 타 경제부처 간에 협의를 해 나갔다. 1990년대 말에 이르러서 모든 통상교섭은 외교통상부의 통상교섭본부가 관계부처와 협의하여 진행하게 되었다. 그러나 2013년부터 새로운 정부조직에 의해 통상협상 업무가 외교부에서 산업통상부로 이전됨에 따라, 우리나라는 외교통상형에서 산업통상형 통상조직으로 체계 변환이 이루어졌다.

통상행정 조직의 유형은 통상전담형(미국, 중국 등), 외교통상형(호주, 캐나다 등), 산업통상형 (일본, 영국, 프랑스 등)으로 구분된다.

통상행정 조직의 유형은 유형별 장·단점을 지니고 있다. 외교통상형은 창구의 일원화로 정책추진의 일관성을 유지하고, 외교·통상정책을 종합적으로 수립집행하며, 다양한 외교채널과 축적된 정보활동, 외교망 이용의 홍보, 친선강화를 한다는 장점이 있다. 그러나 산업과 경제의 연계부족, 경제 부분에서의 전문성 결여, 부처 간 조정 역할의 한계가 단점으로 지적된다. 통상전담형은 외국통상 압력의 표적화가 되기 쉬워 국가수익을 주로 통상에 의존하는 중소형 국가에서 채택하는 경우, 득보다는 실이 클 것으로 예상한다.

6) 한국인의 협상 상의 유의점

가) 협상준비 단계

국제협상인 경우, 영문 자료를 철저하게 준비하는 것이 가장 중요하다. 쉽게 넘겨버릴 수 있는 오자, 탈자, 잘못된 표현 때문에 자칫하면 신뢰성을 의심받을 수 있다. 같은 영어자료라도 미국식, 영국식 표현이 조금씩 다르다. 특히 영국 등 선진국에 보내는 자료에는 더욱 신경을 써야 하고, 회사소개 카탈로그, 제품소개 등 인쇄물이나 DVD를 세트로 만들어 사전에 보내 주면 도움이 된다. 국제 비즈니스에 익숙하지 않은 개도국은 샘플을 보여주는 것도 좋은 방법이다.

상대측과의 첫 번째 접촉에서는 신뢰를 얻을 수 있는 사람을 협상대표로 보내야 한다. 회사대표나 단체장 또는 협상분야의 실무책임자가 협상대표를 맡으면 좋다. 또한, 상대국가에 대한 사회문화적 배경, 국민들의 습성을 잘 파악하여 대처해야 한다.

나) 협상단계

한국인들은 대체로 협상 초기에 조급함을 보이는 것으로 관찰된다. 협상개시 전에 충분히 사전정보를 얻고, 접촉을 한 다음, 협상이 시작되면 협상 현지에서는 여유 있고 자신감 있는 모습을 유지하여야 한다. 협상성과에 대한 조급한 마음은 거두고, 상대측의 협상에 철저한 대응전략을 준비하면서, 상대측이 원하는 바를 정확히 인지하려는 신중하고 침착한 자세를 견지해야 한다.

기업협상에서는 가격경쟁력 외에도 원활한 커뮤니케이션, 신속한 A/S 등 제품 외적 요소에 대한 적극적인 대응과 현지시장의 선호제품, 가격 등에 대한 트렌드를 파악해 그에 맞는 마케팅 전략을 세우고, 상대측의 관세, 세금 제도 등을 정확하게 파악하며, 인터넷이나 이메일보다는 정중한 서한형식(회사 로고가 찍힌 Letter Head)으로 거래를 하는 편이 바람직하다.

다) 계약단계

합의문, 계약서 내용을 꼼꼼하게 조사하여 불리한 조항이 없는지, 합의정신, 약속과 규정에 따른 대로 기록이 되어 있는지 정확히 확인해야 한다. 개도국의 경우는 상대측의 대표성을 확인하고, 에이전트의 경우는 법률적 확인을 통해 신중한 계약 날인을 해야 한다.

라) 계약이행 단계

계약을 성실히 이행하기 위하여, 상대측과의 후속협상을 계속하면서 사업에 따른 시기적절한 세부이행 합의를 해나가야 한다. 또한, 분쟁의 소지가 있는 애매한 문구 등은 사전에 자세히 검토하여 수정을 요구해야 한다. 기업협상의 경우, 샘플과 최종제품의 동일성, 적기공급, 수출보험가입, 원자재가격의 급격한 상승에 대비한 특별조항을 삽입하여 합의사항 이행에 적극 노력하는 자세가 바람직하다.

(2) 중국, 일본, 북한 등 동북아시아지역

1) 중국

커다란 국토 속의 매우 다양한 풍습, 오랜 역사와 수십억의 인구를 대상으로 협상모델을 찾아내는 일은 거의 불가능하다. 다만 이러한 다양성, 복잡성에서 공통으로 느끼고 볼 수 있는 점을 찾아내서 협상모델의 기준으로 만들어 보려고 한다.

중국인과 협상을 하면서 아무런 진척이 없이 매일 저녁 술만 마시다가, 일단 신뢰관계가 형성되자 마지막 날 협상이 일괄타결 됐다는 이야기는 쉽게 접할 수 있는 에피소드다. 관계 형성(The games of Guansi)의 중요성을 일깨워주는 이야기다.

먼저 중국인의 협상전략에 대해 역사적인 측면에서 살펴보자. 중국은 오랫동안 전란을 겪고, 지배계급이 몰락하는 과정을 겪었다. 전쟁과 고난의 역사를 통해 처세술이 발달하고, 독특한 국민성을 바탕으로 한 협상전술이 발전되어 왔다. 중국의 협상 전술의 고전으로는 손자병법, 육도삼략, 오자병법, 삼국지 등이 있다.

중국 협상의 특징은 평등호혜원칙을 중시하고, 정공(正攻)과 기공(奇攻)을 적절히 사용하며, 협상이 시작되면 주도권을 잡으려 하고,

협상을 느긋하게 이끌어 상대방을 지치게 하는 만만디 작전을 사용한다. 따라서 중국인과 협상할 때는 초반부터 주도권 경쟁이 시작되므로 허허실실 작전에 넘어가 실수하지 않도록 용의주도한 준비가 필요하다. 우호적인 분위기를 조성하는데 신경을 쓰되, 중국인은 마지막 단계에서 결정적 협상카드를 내놓으므로 끝까지 긴장을 놓아서는 안 된다.

가) 중국인의 상술 관습

중국인의 협상모델을 분석하려면 그들의 상술관습을 주시해 볼 필요가 있다. 중국 상인의 역사는 4천 년 정도로 꼽는다. "상(商)" 이라는 단어의 어원은 商왕조가 탄생한 촌락의 이름에서 시작했다. 商은 은(殷)으로도 불렸다. 은나라 이후에 들어선 주나라에서는 장사에 능한 과거 상나라 사람들을 '상인' 이라 부르게 됐다.

중국 상인들은 온화한 태도, 고객에 대한 감사, 우호가격(친구에게 주는 원가에 가까운 가격)으로 인간관계를 유지해 나가는 자세를 갖고 있다. 그 외의 상 관행으로는 본심을 타인에게 노출하지 않고, 신중하며, 신용과 체면을 중시하고 상대방을 높여 주는 연기력을 발휘한다. 중국인은 병법에 기초한 심리전을 많이 활용한다. 의도적으로 조작한 기밀을 누설한다던가, 고의적인 오타, 자구수정, 비상식적인 행동을 한다거나 상대측의 동정심을 유발하기도 한다. 본격적인 협상이 진행되면 이중성, 만만디 전술 등 더욱 강력한 심리전을 활용하여 상대측의 협상력을 약화시켜 나간다.

나) 중국협상 문화의 특징

유교적 집단주의적 문화 속에 상호의존적인 특징을 가진 중국 사회에서는 우정 관계 확립이 매우 중요하지만, 권위주의적인 관료주의 체계가 전통적인 우정 관계에 제한적 요소로 작용한다. 중국인은 체면을 중시하고 문화적 민족적 우월감을 갖고 있으므로 자존심을 상하게 한다거나, 약점을 들추어내는 것은 인간관계를 수립하는데 금기로 작용한다. 중국인은 협상의 시작단계에서 인간관계가 수립된 후에 일반원칙들에 대한 합의를 이루기 시작한다. 이렇게 Opening mood가 형성될 때, 자신의 뜻이 충분히 이해되도록 설득해 나가야 한다. 이 과정은 인내를 요구하며 오랜 시간이 걸린다. 중국 측은 협상분위기에 대한 우월권 확보를 하기 위해, 될 수 있으면 중국 영토 내에서 협상이 이루어지기를 희망하고, 여러 수단(음식, 관광, 리셉션 등)을 활용하여 협상분위기를 유리하게 해나가려는 책략을 쓴다.

한편, 협상이 잘 이루어지지 않으면 상대 협상자의 중국 친구의 영향력이 약해진다는 등 압력을 가하는 전술을 가미하고, 시간(Dead Line)수단, 언론매체 활용압력 등을 이용한다. 중국대표는 사회, 정치적 제도 상 대표의 재량권이 비교적 제한되어 있다. 중국인들은 꾸준히 평소에 상대측과의 인간관계 구축(Guansi)에 주력하는 경향이 있으며, 중국의 주류, 음식문화는 인간관계를 갖는데 좋은 수단으로 적절하게 활용되고 있다.

다) 중국의 협상 전략과 전술

첫째, 중국인은 자신을 스스로 낮추고, 비평하는 겸손하고 진솔한 태도를 유지한다. 능숙한 유머를 구사하고, 지적인 유머감각으로 분위기를 부드럽게 만들며, 관계유지에 노력한다.

둘째, 중국인은 접하기를 원치 않는 어려운 문제를 피하기 위해 일부러 바보스러운 태도(Playing Dumb)를 유지하면서, 인위적으로 오해하고 있었다는 태도를 보인다.

셋째, 상대측에서 더 좋은 양보 또는 제안이 나오도록 시간을 벌기 위해서 고의적으로 토의 의제 중심에서 비켜서고, 토의를 중단시킨다.

넷째, 해결이 어려운 부분의 문제에 대해서는 원칙적인 입장만을 고수하여, 해결가능한 문제만 부분적으로 해결을 유도하는 경향이 있다. 이는 상대방을 먼저 테스트하고 시간을 두고 해결하려는 책략으로 볼 수 있다.

다섯째, 협상 상대측의 국내적 경쟁자 또는 정치적 반대편에 있는 사람을 이용하여 압력을 가함으로써 협상을 유리하게 진행시키는 전술도 활용한다. 공화당원이었던 미국 키신저 국무장관이 중국과 국교수립 협상을 할 때, 민주당인 슬레징거 국방장관을 활용한 예라든지, 카터 대통령 시절 브레진스키 국무장관과 협상하면서 경쟁자인 밴스 전 국무장관을 활용하여 내부적 여론을 분산시키는 등 교란전술을 쓴 경우를 볼 수 있다.

여섯째, 중국인들은 초기에 인간관계를 정립하여 친구로 만든 후, 협상 후기에 인간관계를 활용하여 압력을 가하는 경우가 있다. 협상이 잘 진행되지 않을 시에는 자국의 대표 즉, 중국협상가의 지위를 낮추고 영향력을 약화시켜서(Your chinese friends are in trouble), 자국의 정치적 목적을 달성시키는 간접수단으로도 활용한다. 그 외에 비유적인 위협(Killing the Chicken to warn the monkey), 도발적인 태도, 혐오나 호감의 표시(Bad guy - Good guy) 같은 수단을 사용한다.

일곱째, 중국은 결정에 임박했을 때, 일반 전문가 그룹으로부터 최고협상 대표자를 분리해 협상을 진행한다. 최고 대표자만을 위한 관광이나, 만찬을 준비하는 등 최고 대표자를 일반 대표들과 분리해서 교섭을 시도한다. 또한 언론 활용, 국민 여론을 구실삼은 압력 등도 사용한다.

라) 중국의 정치외교 협상의 특징

중국은 내부의 정치적 갈등이 외부의 안보보다도 더욱 심각하다. 중국 내부의 정책결정이 느리며, 주요 문제에 대하여는 끝까지 유보의 뜻을 견지하고, 정치적 절차를 거치는 시간에 매우 민감하다. 따라서 인내심 없는 협상 상대로부터 심리적 이득을 획득하고, 상대측 입장에 대한 충분한 테스트를 시도하는 한편, 항상 상대측에서 먼저 상황을 말하도록 유도한다.

미국의 키신저 전 국무장관은 대중국 국교수립협상 과정에서 15년간 136번의 대사급 회담을 가졌고, 수교회담도 71년부터 7년 동안 했다. 그는 중국과의 협상에서 지녀야 할 첫 번째 덕목은 인내라고 말한다. 모택동 통치 시절 제2인자로서 중국 현대사의 대표적인 국제협상가인 주은래 수상은 1971년 7월 키싱거 미국 국무장관의 미·중 국교수립협상을 시작하면서 "평등이 가장 우선적인 문제로서 협상이 평등호혜주의 원칙 아래 이루어져야 한다."고 강조했다.

이는 19세기 말 중국이 서방국가에 대한 문호개방이 불평등협상으로 이루어졌다는 역사적 경험을 강조하고 중국의 국력을 고려한 상호주의적 협상추진을 제의한 것이다. 또한, 중국은 세계챔피언을 보유하고 있는 스포츠 종목(예; 탁구)을 정치외교협상에 활용하여 승부보다는 친선과 우정을 중요시하는 분위기를 연출하고, 제3세계 구식민지국가들의 처지를 대변하는 리더 역할을 자처하면서 이들과의 관계에서 평등보다는 우위를 희망하는 이중적 태도의 아이러니를 보이고 있다.

2) 일본

가) 협상 문화

일본인들은 간접적으로 의사를 표시하고, 상황적 배경에 비추어 함축된 의제를 표시하는 의사소통문화(High-Context Culture)를 갖고 있다. 상대방과 정면충돌을 피하고 막후에서 조정해나가는 경향을 보인다. 상거래에는 빈틈없는 준비보다는 인간관계에 대한 완전한 신용이 있는 상태에서 거래 협상을 한다. 일례로, 계약서나 송장, 상품목록 같은 것을 주고받지 않고 거래하는 경우가 많다. 또한, 복수의제를 선호하고, 다수의 의제를 제안하고 역제안하는 과정을 통하여 상대방과 정보를 공유 하고, 의제간의 연계가 포함된 제안을 종종 제시한다.

나) 협상 원칙 및 태도

일반적으로 일본과의 상거래에서 지켜야 할 원칙은 다음과 같다.

· 끈기 있게 하라.

· 여타의 서비스를 제공하라.
· 상품 판매에만 급급한 사람으로 보이지 않도록 자기상품에 대해여 얘기하지 마라.
· 인간관계를 제일 중시하라.

일본협상가들은 대개 감상적이고 솔직한 편이다. 자기들은 항상 약자의 입장이라고 여기고 자신들의 공격을 정당화시킨다. 일본인과의 협상에서 영향을 받고 주는 요소들은 양심에 호소하는 일, 사전에 비공식 접촉을 통한 분위기 조성 등이 있으며 먼저 남에게 도움을 주어 채무의식을 유발한다던가, 부채를 지우고, 수직적 계층 문화의 영향을 받아 선배의 충고를 따르는 경향, 단체 규약을 지키지 않으면 따돌림을 받고 일체의 도움과 교제가 단절되는 집단주의적 성향이 있으니 협상시 고려해야 한다.

3) 북한

북한의 협상모델은 "약소국일수록 원칙에 충실한 외교를 해야 한다." 라는 생각을 기본으로 표면적으로는 원칙에 충실한 모양새의 협상을 하고 있다고 볼 수 있다. 김일성-김정일-김정은 체제 유지를 위한 수단으로 오랜 기간 동일 인물들이 대외 협상을 주도하고 있어서 비교적 협상에 경험이 많고 노련하다. 북한의 외교 고위직은 한국의 외교 고위직이 자주 교체되는 것에 비해 오랜 기간 동일 업무를 수행하고 있다.

북한은 체제 특성상, 내부 여론이나 국민이 감내할 부담 등을 고려하지 않아도 되기 때문에 목표를 향해 막무가내 식으로 치닫는 벼랑 끝 외교가 가능하다. 그리고 실체를 파악하기 힘든 강·온건파 갈등을 핑계로 가공된 사실(Artifact)을 활용함으로써 상대측을 압박하는 협상전술을 쓰고 있다. 그러나 중장기적 측면으로 보면, 전투에서 이기고 전쟁에서 패배하는 전형적인 협상전략이다. 북한이 완전히 핵을 포기하지 않으면 국제사회에서 정상국가로서의 존립이 어려운 상황이므로 현 단계에서 북한이 반드시 유리한 게임을 하고 있다고는 판단되지 않는다.

세계적인 협상 전문가인 허브 코인(美 Power negotiation institute 대표)은 북한이 구 소련식 협상법을 답습하고 있다고 평가하고 있다. 코인대표가 말하는 구 소련식 협상법이란 처음부터 비현실적인 목표를 제시하고 이루어지지 않을 약속을 하는 것이다. 예를 들어, 김정일은 2000년 남북 정상회담 당시에 남한을 답방하기로 약속했으나 실현하지 않았고, 이에 대한 해명도 없다. 상대에게 충격을 주고 적대적인 태도로 일관하는 한편 "우리에게 권한이 없다." 고 버티는 협상 태도를 보인다.

북한은 남북한 대화 협상에서 실리보다는 명분의 승리를 우선시한다. 협상을 지연시키거나 결렬시키기 위한 전략으로, 협상이 비교적 까다로운 정치·군사적 분야의 문제에 대한 선결 희망이나, 전체 의제의 일괄 합의 또는 동시 실천 등을 주장하여 실질적 합의 진전을 어렵게 만드는 협상 태도를 보여 왔다.

(3) 미국, 유럽지역

1) 미국

가) 협상문화

미국은 스페인계, 아프리카계, 아시아계, 중남미계, 유럽계 등 다양한 문화가 섞여 있어 전반적으로 통용되는 협상문화를 이해하는 것으로 만족해야 한다.

미국은 직접적이며 솔직한 언어소통을 한다. 갈등을 해결하려는 언어 메시지를 중히 여기며, 따라서 협상메시지가 명확하고 상세하기를 기대한다. 또한, 수량적, 실용적인 문제 해결 방법을 활용한다.

미국인 협상자들의 개인주의적 성향은 협상을 조기에 성급히 매듭짓지 않도록 하며 협상의 잠재적 이득을 충분히 실현하는 수단이 되고 있다. 미국인들은 복수의제 의사소통을 하므로 의제 간 연계

(Linkage)를 쉽게 하고 이를 통해 절충(Trade-Offs)을 유도하여 당사자 간 결합이득(Win-Win)으로 협상 성과를 높이는 경향이 있다. 미국인들은 모든 거래에서 합리적인 합의, 힘의 논리에 의존하는 현실적 합의, 체면유지 보다는 실익을 얻는 합의를 중요시하고 모든 의사결정은 비용 대 편익분석으로 한다.

미국인들의 실제 협상에서 나타나는 특징은 다음과 같다.

첫째, 미국인들의 인간관계는 호칭에서부터 (Mr.) 평등하다.

둘째, 미국인들은 항시 통역을 합석시킨다.

셋째, 미국인들은 업무에서 재량권의 폭이 크며, 그것을 자랑스럽게 생각한다.

넷째, 대외적으로 친분 관계를 일단 유지한 다음에 일과 관련된 정보를 교환한다.

다섯째, 솔직하게 협상하기를 좋아한다.

여섯째, 협상 진행 동안 침묵을 지키지 않고, 무슨 말이든지 한다.

일곱째, 확고한 결론에 도달할 때까지 끈기를 가지고 계속 접근해 온다.

여덟째, 문제와 문제들을 분리한 다음 어느 시점부터는 문제들을 같은 선상에 놓고 해결한다.

아홉째, 행동 지향적, 예측성, 확고성을 수반하는 협상을 전개하고, 대개 법적인 측면을 중시하는 협상을 진행하며, 융통성이 없는 편견을 배척한다.

나) 협상 참고사항

미국 협상의 장점으로는 충분한 준비, 명확하고 직선적인 언어화술, 실용주의를 들 수 있다. 또한, 상대측의 견해나 이해를 인정하면서, 협상은 이기고 지는 게임이 아니라는 인식을 바탕으로 상호 양해절차에 대해 충분한 이해를 하고 있다. 단점으로는 관련 정부 단체기관 간의 의견 충돌 때문에 미국 내에서 합의가 쉽게 이루어지지 않는 경우가 종종 발생한다. 특히 대통령과 의회 간에 정치권력이 분리되어 있어 협상절차를 복잡하게 만든다. 그리고 내부 이익단체들의 영향력이 크기 때문에 교섭이 쉽게 끝나도 후속조치가 복잡한 때가 있다. 또한, 미디어의 간섭이 심해서 예민한 문제는 조심스럽게 협상해 나가야 한다.

미국의 개인주의 성향은 높은 효율성, 생산성을 중요시하므로 "Faster is better than slow."를 택한다. 미국은 실제 협상에서 분야별 전문가가 팀으로 참여해 팀워크를 이루며 개인적인 협상은 매우 드물다. 이에 따라 협상에서 대안을 활용하는 전략에 의존할 것이라는 예측을 가능하게 한다.

2) 프랑스, 영국, 독일, 이탈리아 등 서구 및 러시아

가) 프랑스

프랑스 협상가는 관찰력이 예민하고, 명쾌한 설득력을 지녔으며, 정확한 논리를 갖췄다. 역사적으로 늘 동쪽 지역의 독일이나 러시아의 위협을 느끼며 살아왔기 때문으로 짐작된다. 프랑스 협상가들은 특유의 지적인 예민함을 갖고 있어, 비논리적이고 불명확한 상태를 불성실하다고 간주하고 신뢰하지 않는 경향이 있다.

프랑스인은 먼저 문제점을 제기하고 이에 대한 해결 방안을 제시한 후, 해결방안을 선택하는 단계적인 해결방법을 선택한다. 융통성과 균형성 유지를 협상의 기본자세로 택한다. 문화 환경은 개인주의적이며, 다양성의 존중과 사회 평등을 강하게 주장하고 있으나, 실질적으로는 엘리트가 지배하는 사회이다.

전통적으로 보수적인 사고가 지배적이기 때문에, 생활에 큰 불편

이 없는 한 예전 그대로의 방식을 선호한다. 프랑스인은 자기주장과 자기생각을 뚜렷하게 보이는 개성을 높이 평가한다. 따라서 책임의 소재도 자기 자신에게 있으며, 성취도 자기에게 있다고 생각한다. 프랑스는 위계서열에 의한 조직구조로 인해 의사결정이 집중되어 있는 것이 보통이며, 협상의 마지막 순간에 모든 것을 문서화하기를 좋아한다.

나) 영국

영국인들은 체험적이고 귀납적인 사고방식을 가지고, 매우 냉철하게 실익을 추구한다. 평상시에는 점잖고 평온한 협상태도를 유지하지만 중대한 경제적 이익이 걸려있는 경우에는 공격적인 협상 태도를 보이기도 한다.

연회에서는 격식을 중히 여기고, 규칙과 규율을 철저히 지키고, 예의를 갖추는 프로토콜을 세밀하게 신경쓰는 면이 있다. 영국인은 전통적이면서도 현대적인 감각을 지녀 복합적인 문화의식을 가지고 있고, 생활의 편리함을 추구하며 실용적으로 주변 환경을 개선해 나가려는 경향이 있다. 협상에 임하면 매우 조심스럽고, 세밀한 부문의 내용까지 협의를 계속하는 경향이 있으며, 추구하는 실익이 있다면 대안을 제시하면서까지 잃지 않으려는 끈질긴 태도를 유지한다.

한편 과거 대영제국의 자존심을 유지하려는 의식적인 태도가 엿보인다. 문제를 전략적으로 크게 보고, 힘(Power)의 중요성을 평가한다. 또한, 중장기적인 이익(Durable Credit)을 추구하고, 주변 세력의 균형을 유지(Balance of Power)함으로써 자신의 영향력, 이익을 확보하는 입장을 취하고 있다.

다) 독일

〈외교론〉의 저자 니콜슨은 '위협받는 국가는 그들 스스로를 보호하기 위해서 포위(Encirclement)되었다는 불만을 품고 있으며, 이런 상황에서 협상가는 "Something in hand"가 정당화 된다고 기술하고 있다.

독일은 역사적으로 13세기에 지방 세력의 통합으로 프러시아가 탄생함으로써 게르만민족의 힘(power)을 이상적으로 추구하는 민족정신이 형성된 이후 정치적 지배욕구가 강하게 나타났다. 독일의 경우, 역사적 지정학적인 이유로 군사적 개념, 힘의 개념을 갖고 협상에 임하기 때문에 영국과 같은 독립적, 기술적 협상기술이 비교적 발전되지 않았다.

피히테(Fichte)는 독일인에 대한 특성을 Blood & Iron, Blood & Soil, Blood & race로 표현하면서, 국가 간에는 법과 정의가 없고 강자의 정의만 있을 뿐이라고 선포하였다. 헤겔은 전쟁은 Eternal & Moral 한 것으로 정의한다. 즉 독일의 문화는 독일국민과 자연 요소 간의 신비스러운 결합으로 이루어지며, 항상 새롭게 노력하고, 지배해 나가고, 인간의 이익을 위해 강한 힘을 세계에 미치는 것이라고 정의했다.

또한, 독일은 다른 민족에서 보이는 문화와 달리 개인보존 본능에 대한 경계선을 만들어 놓고 있다. 독일인 개개인은 하나의 운명을 갖고 있으며 목적을 이루기 위해 그의 마음, 독립성, 필요하면 생명까지도 헌신할 준비가 되어있다. 이러한 문화적 특징에 따라 독일의 협상은 힘 또는 힘의 위협을 주요 수단으로 삼게 된다. 레종데타(Raison d'Etat : 국가를 유지하고 강화하기 위하여 지켜야 할 국가의 행동 기준), 즉 국가의 필요성이 개인의 종교나 철학보다 우선하고 있다. 독일인은 철저한 시간 관념과 규율을 지키는 습성을 지니고 있으며, 연회에서는 격식을 차리기 보다는 실용적인 모임을 선호하는 경향이 있다.

라) 이탈리아

이탈리아의 역사는 소도시 국가 간의 경쟁의 역사다. 이탈리아인들은 계속 변화되는 상황에 맞추어 기회주의적 책략을 갖는 탄력성을 몸에 익혀왔다. 마키아벨리즘으로 인해 적과 동지는 항상 상황에 따라 변할 수 있는 것이며(Interchangeable), 변화무쌍한 분위기 속에서 단기적 이익을 얻기 위해 투쟁을 추구하는 문화가 배어 왔다.

이탈리아인은 다음과 같은 특별한 협상 기술을 익혀 왔다. 첫째, 협상초기에 인위적으로 적의로 가득찬 불편한 분위기를 만들어 상대측이 자신에 대해 손해를 끼치고 있다는 생각을 심어놓는다. 둘째 실제로 달성하기가 어려운 문제에 대해서는 어느 정도의 양보를 요구하는데, 이를 양보하여주는 경우에는 어느 정도의 보상을 해준다. 셋째, 적과 동지에게 동시에 협상을 개시하면서 한쪽으로는 중립적 태도견지, 한쪽으로는 지원을 받는 협상을 한다.

마) 러시아

러시아는 집합주의, 수직적 계층주의의 문화로 인해 불명확하고 함축적인 의미를 전달하는 의사소통을 한다. 집합주의 문화성향은 구 소련체제하에서 개인의 우월성을 억제하고 집단의 성취를 강조함으로써 더욱 강화되었다. 그러나 소련체제의 붕괴 이후 시장경제 체제의 도입과 함께 집합주의 성향은 점차 약해지고 개인주의 성향은 강화되는 경향을 보이고 있다.

러시아인들의 의사소통은 전체적으로 돌려서 이야기하므로, 외국인의 측면에서 보면 비밀스럽게 들리기 쉽다. 또한, 러시아인들의 의사소통을 위한 정보처리 과정은 주관적이며, 종합적이다.

러시아인들은 원래 복수의제 의사소통을 하는 성향이 있지만, 사회주의 노동환경에서 계층별로 관료들의 지시를 받아가면서 과업을 단계적으로 추진해오는 데 친숙해졌기 때문에, 경영 관련 협상에서는 단일의제 의사소통을 하는 경향이 있다. 소련 붕괴 이후 러시아에서는 물질만능주의와 돈에 관한 관심이 높아지고 있으며, 러시아인들 사이에 국가나 사회보다 자신에게 의존하는 독립적인 경향이 강해지고 있다. 지역적으로 북부 러시아는 개인주의적고 민주주의적인 가치체계를 지니고 있으며, 중부 러시아는 중앙권력에 의존하고, 남부 러시아는 지방권력에 의존하는 등 집단주의 가치체계를 지니고 있다.

러시아인들과 협상을 할 때는 협상하는 상대측이 올바른 협상 대상자인지 사전에 제대로 파악하는 것이 중요하다. 소련체제에서 러시아 사회체제로 변화하면서 올바른 파트너의 선별이 매우 어려운 실정이다. 또한, 연회상의 주류 대접 때 도를 넘지 않도록 상당한 주의를 필요로 하며 갑작스러운 제의 등에 대한 반응은 신중히 고려하여 대처해야 한다. 비교적 클래식한 문학과 예술을 선호하기 때문에 협상시에는 가벼운 농담이나 태도를 피하는 편이 좋다.

러시아의 지정학적인 위치 때문에 대외적인 움직임에 매우 민감한 편이다. 주변 국가들이 러시아를 포위하고 있다고 생각하며, 일년내내 활용이 가능한 부동항을 확보하기 위해 꾸준하게 벌여온 투쟁 속에서 자연스럽게 배인 문화적 특성이 있다. 러시아 측의 신뢰를 얻고 솔직한 의사소통을 하려면 시간을 들여 인간관계를 구축하기 위해 꾸준히 노력해야 한다.

(4) 기타지역(동남아, 중동아프리카)

가) 동남아시아 지역

사회주의 국가인 베트남에선 공무원과 국영기업 간부와의 인맥이 중요하다. 그러니 정확한 신분이나 능력에 대한 검증이 사전에 이루어져야 한다. 인도나 베트남에서는 각종 법률자료를 항상 수집해 놓아야 한다. 왜냐하면 계약서, 노동계약서, 내규, 협약서 등을 문서로 만드는 것이 중요하기 때문이다. 구두로만 협약하면 분쟁의 소지가 많고 지켜지지 않는 경우가 허다하다.

베트남에서는 웃음의 의미를 특히 주의해야 한다. 베트남인들은 잘 이해하지 못한 경우에도 다시 설명해 달라고 명확하게 요청하지 않는다. 체면을 차리기 위해 그냥 웃고 넘어가는 경우가 많으므로 의사전달이 명확히 됐는지 확인할 필요가 있다. 당황스러울 때에도 웃음으로 대신한다. 도로 위에서 접촉사고가 나더라도 가해자인 베트남 사람이 웃는 경우가 있다. 외국인은 오해할 수 있는 상황이지만, 그의 웃음은 실제로 미안하다는 의미다.

그 외에도 협상 대상자가 오해할만한 태도는 피해야 한다. 말레이시아인들은 머리 위를 만지는 것이 금기이며, 동남아 국가 사람들에게는 인간관계가 확고하게 될 때까지 직접적으로 눈을 마주치는 건 피하는 편이 좋다. 아시아인들은 일반적으로 슬며시 악수를 하는 편이다.

나) 아프리카·중동 지역

아프리카나 중동 지역에서는 일반적으로 FAX나 이메일을 통한 협상보다 직접 만나서 협상하는 것을 중요하게 여긴다. 협상 시에 스킨십을 자주 하는 편이 좋으며, 악수 대신에 두세 번 힘껏 포옹하는 것이 좋다. 원래 이런 관습은 상대가 칼을 숨기지 않았다는 것을 확인하는 데서 유래한 것인데, 협상할 의지를 확인하는 행위이다.

종교상의 이유로 술을 꺼리는 아랍인들은 차(茶) 한 잔을 권하면서부터 협상의 실타래를 푼다. 일부는 밤을 새우며 취미와 건강에 대해 이야기를 나누고, 가족에 대한 이야기까지 해가며 인간관계를 맺은 뒤에 비즈니스 이야기를 꺼낸다. 특히 무슬림의 전통과 관습에 따른 예의와 프로토콜을 사전에 이해하고 배워두어야 협상에서 호의적 관계를 유지할 수 있다. 결과가 확실하지 않고, 결정 시기가 불확실 할 때, '인샬라('신이 원하신다면' 의 의미)' 라는 표현을 사용하는 것은 모든 일을 신과 자연의 섭리에 따른다는 느긋한 그들의 생활인식과 행태를 나타낸다.

중동지역이라 할지라도 사우디아라비아 반도지역, 북아프리카의 마그레브지역, 걸프만 지역에 따라 서로 다른 문화적, 관습 차이가 있다.

이스라엘은 지역과 상관없는 독특한 문화 환경을 갖고 있다. 나라 없는 백성으로 세계를 떠돌던 유대인들은 정착생활을 할 수 없는 불안한 환경에 처해있었기 때문에 현금에 대한 집착이 강하고, 보석상 같은 자영업이나 금융업에 손을 대는 일이 많았다. 유대 자본이 금융 분야에서 세계를 지배하게 된 이유다.

이스라엘 사람들은 7살 때부터 외국어를 배워 누구나 2개 국어 이상을 구사한다. 교육을 통해 강대국 틈에서 살아나려고 노력하였고, 탈무드를 배우면서 분석적 사고와 생활의 지혜를 길렀다. 사물의 여러 측면을 고려하는 편인 유대인의 사고방식은 사각형틀이 아니라 융통성이 있는 원형과 비슷하다. 무언가를 공짜로 얻겠다는 생각을 죄악으로 여기며 정직을 강조한다.

대화할 때는 직설적이며 모호한 것을 싫어한다. 불만이 있으면 솔직하게 상대 얼굴을 보며 논리적으로 말한다. 유대인과의 비즈니스 협상은 악수 한 번에 수십억 달러의 거래가 성사되는 경우가 많다고 한다. 서류상에 사인하는 것보다 파트너와의 굳은 악수 한번을 더 믿는 것이다. 그들은 "손도장을 찍는다(Stamp on hand)." 라고 말한다.

N e g o t i a t i o n

국제협상을 위해서는 가장 기본적으로 국가나 지역 간의 문화가 다르다는 것을 인식하고, 언어의 차이와 의사결정 형태의 차이를 극복하기 위해 국제 협상가로서의 마인드와 기본 소양을 준비해야 한다. 이에 대한 내용은 앞서 국제협상가의 덕목과 자질 항목에서 상세하게 기술하였으므로, 본 항목에는 국제협상의 분야별 모델 및 국가와 지역별 모델을 제시하고, 서로의 차이점을 이해함으로써 현장의 협상기술력을 높이고, 폭넓은 협상 마인드를 제고하도록 하겠다.

국제협상 사례

09

국제박람회기구(BIE) 공인 박람회(대전, 여수) 유치활동

2009 국제우주대회(IAC) 유치활동

국제과학공원총회(IASP) 유치활동

국제박람회기구(BIE) 공인 박람회(대전, 여수) 유치활동

가. 1993 대전세계박람회(대전 엑스포) 유치활동

우리 정부에서 1989년 초반부터 준비를 시작한 1993 대전세계박람회는 애초 1991년에 비공인 박람회로 개최할 예정이었다. 1988년도에 서울올림픽을 마친 후 제2의 국민화합을 위한 계기를 마련하고자 추진한 박람회였다. 그러나 비공인박람회 개최를 반대하는 여론이 높아졌고, 국회에서는 박람회 준비를 위한 특별법제정에 어려움을 겪게 되었다. 그러자 정부는 1989년 8월 말에 개최시기를 2년 늦추어 1993년으로 연기하고 BIE[1)]공인을 위해 최대한 노력을 다하겠다는 성명을 발표했다.

대전 엑스포의 개최시기가 1993년으로 연기됨에 따라 BIE 공인추진을 위한 시간적 여유확보가 가능해졌다. 이어서 국내외에서 박람회 개최에 따른 공감대가 확산되는 가운데 BIE 공인획득을 전제로 국회의 정부지원법이 통과되었다. 따라서 BIE 공인이 당면현황으로 부각되었다.

당시 개최시기를 1993년으로 결정한 배경은 1992년 스페인의 세비야(Seville) 일반 세계박람회 개최 후 전시물의 이동전시 가능성을 염두는 한편, 1995년 오지리-헝가리 공동주최 전문 박람회와 BIE 규정상 2년 간격을 유지하기 위한 것이었다. (당시 대전엑스포는 BIE 전문박람회로 공인추진)

그러나 당시 BIE 총회 모라토리엄에 의거, 2000년까지는 2개의 박람회만 공인이 허용되어 있었고, 위에 기술한 대로 이미 2개의 박람회가 모두 결정이 이루어져 있었으며, 최소한 박람회 개최 5년 전까지는 신청서를 제출해야 하는 BIE 신청기간의 규정에도 맞출 수 없는 상황이었다. 그러니 대전 엑스포에 대한 BIE 공인을 받기에는 원천적으로 어려운 상황이었다.

더군다나 대부분 유럽 및 북미의 BIE 회원국들은 빈번한 박람회 개최로 재정상의 부담이 늘어나서 신규 박람회 참가에 대한 심리적 거부감이 팽배해 있었다.

1) 공인 추진을 위한 예비 협상개시

국제협상절차 1단계인 전략기획준비와 예비협상개시에 들어가기에 앞서, 대전 엑스포의 공인추진에 여러 가지 장애물이 놓여있었으므로, 공인 협상 가능성이 얼마나 되는지 먼저 파악할 필요가 있었다. 국제규범의 상식에 따르면 공인이 불가능한 상태였고, 일반적인 협상 개념으로는 성공할 수 없는 상황이었다.

당시 조직위 국제부장이었던 나는 박람회 조직위원회로부터 은밀한 협상권한을 부여받고, BIE 사무총장과 파리에서 접촉하여 개최 가능성을 타진했다. BIE 사무총장과의 좋은 인간관계를 맺기 위해 사무총장 개인 신상에 대한 제반 정보를 파악함은 물론, 성격과 취미, 기호 등을 조사해 효과적인 커뮤니케이션에 대비하고, BIE 기구 내의 동태를 살피며, BIE의 문제점을 파악하기 위해 BIE에 속한 각국의 영향력, 의장단들 간의 유대관계 및 BIE 메카니즘 등에 대한 자료를 모조리 수집하는 등 사전 협상준비를 철저히 했다. 다행스럽게도 나는 프랑스 유학과 대사관 근무를 통해 프랑스 문화를 비교적 깊이 이해하고 있었기에 BIE 사무총장과 프랑스 학창생활의 추억에 대해 담소를 나누면서 좋은 인간관계를 맺을 수 있었다. 어디까지나 비공식적이고, 개별적 만남임을 전제로 한 만남이었다.

이러한 예비접촉에서 BIE 사무총장은 '현재 BIE에서는 아프리카

지역 등 개도국의 가입을 유도하기 위해 헌장개정을 추진 중이고, 오랜 역사를 가진 BIE를 선진국만의 국제기구가 아니라 모든 국가를 포용하는 기구로 발전시킬 예정이며, 개도국이 주최할 수 있는 인정박람회를 새로운 박람회 카테고리로 설정하는 헌장개정을 위해 각 회원국의 비준을 받고 있다' 고 설명해 주었다.

사무총장의 말에서 '개도국이 주최하는 첫 번째 박람회로서, 개도국의 발전모델을 제시하는 테마와 BIE가 추구하는 인정박람회 정신을 가미한다면, 대전 엑스포는 예외적인 승인을 받을 가능성이 있다' 는 직감을 얻었다. 이런 정보를 얻은 다음 우리 쪽은 본격적인 공인준비에 임할 수 있었다.

따라서 협상전개에 기본이 되는 제반 정보의 획득은 예비협상 과정에서 이루어지며, 예비접촉에서는 무엇보다도 협상자 간의 인간적 신뢰관계를 구축하기 위한 노력이 전제되어야 한다.

2) 전략기획 준비 활동

대전 엑스포의 공인 협상개시를 위한 전략수립은 BIE내에서 프랑스와 양대 산맥을 이루는 영국의 대표인 BIE 집행위원장과의 예비접촉으로부터 시작되었다. 그는 일생을 BIE에서 보낸 인물로, 누구보다도 BIE 내의 메커니즘을 잘 파악하고 있었으며, 외교관 출신으로서 협상의 전략적 마인드도 갖추고 있었다. 그는 BIE의 혁신파로서 BIE의 세계화를 위한 폭넓은 헌장개정을 주장했다. 헌장 개정은 박람회의 상업성을 확대하고, 개도국의 참가조건을 완화하는 내용이어서, 그는 대전 엑스포 조직위 측의 제1의 협상대상자가 되었다. 이후 그는 대전 엑스포 개최 시점에 BIE 의장이 된다.

BIE 집행위원장과 공인추진에 대한 새로운 방향을 설정하고, 중기 및 단기 전략을 배합하며, 전략적인 협상 타겟을 누구로 할 것인지 등 효과적인 협상방안을 논했다. 그와 오랜 토의를 거친 후, 우리는 "새로운 도약의 길 (The Challenge for a new road to development)"이라는 주제를 선정했다. 이는 엑스포의 개최배경, 한국의 국제적 위상, 142년 동안의 근대 엑스포 역사상 처음으로 개발도상국에서 개최된다는 의미를 살린 주제였다. 그럼으로써 대전 엑스포는 BIE의 실질적 핵심인사로부터 개최의 타당성을 간접적으로 인정받을 수 있었다.

대전 엑스포 조직위는 사무총장, 집행위원장 등 주요 BIE 간부진들을 설득했고, 그 결과 불가능하게만 보였던 대전 엑스포의 개최 신청을 수락 받았다. 그러나 아직 42개 BIE 회원국 2/3의 찬성을 요구하는 예외적 승인을 획득해야 했다.

협상추진은 험난한 길이었다. 먼저 공인전략과 관련해 두 가지의 방법을 놓고 고민했다. 하나는 총회에서 더 이상의 엑스포 개최를 유보한 모라토리엄을 단번에 깨는 정공법이고, 다른 하나는 2단계로 나누는 방법인데, 1단계로 BIE의 사전조사단 파견을 승인받고, 2단계로 BIE총회의 승인을 교섭하는 우회적 방법이었다. 두 가지 방법 중에서 어떤 방법을 채택할 것인지 BIE 집행위원장, 엑스포 전문가들과 심도 있게 논의했다.

엑스포 공인시일이 많이 남지 않은 시점이었기 때문에, 급하게 공인 교섭을 개시해야 하는 상황이었다. 그래서 대부분의 사람들이 정공법을 주장했다. 하지만 BIE 집행위원장은 현실적으로 가능한 2단계 전략을 택할 것을 권유했다. 결국, 내부 협상을 통하여 2단계 전략을 택하기로 결정하고, 사전조사단 승인을 위한 구체적인 전략기획을 수립했다.

기획수립시기부터 총회승인시기까지는 4개월이 남아 있었다. 그 동안 서구 지역에서 엑스포에 영향력 있는 국가들의 대표와 IAF 의장단을 중심으로 설득하였다. 왜냐하면 대전 엑스포는 개도국을 위한 엑스포 모델을 창출하는 것을 주제로 하니 아프리카, 중동, 아시아, 중남미지역 등의 국가들에게는 어렵지 않게 지지를 얻을 수 있을 것으로 생각했기 때문이다. 더군다나 사전조사단을 파견하는 일은

BIE 전문가들이 개최 능력 및 필요성에 대해 조사한 내용을 승인하는 절차로써, 박람회 개최경험이 있는 선진국들을 대상으로 집중적인 교섭이 필요했다.

특히 경제적인 부담 때문에 새로운 박람회 개최에 부정적인 서유럽, 북미 국가들을 설득하기 위한 경제적 박람회 논리를 개발했고, 중·장기 이익에 도움이 되는 전시방향을 준비했다. 조직위 측에 호의적인 관계를 형성한 BIE 의장단과 전문가들로부터 입수한 제반 정보를 분석·정리하여 새로운 주제와 부제에 따른 설명 자료를 준비하고, 국가별 BIE 대표 접촉대상과 접촉방법, 국별 설득논리 등 협상 기본전략을 세웠다.

3) Win-Win Approach (Integrative Negotiation) 전략추진

대전 엑스포 공인협상은 여타 후보와의 경쟁이 아닌 한국 단독으로 BIE 기구의 예외적 승인을 받아야 했으므로, BIE 기구와 한국 쌍방이 함께 혜택을 나누어 가질 수 있는 win-win 협상형태로 추진하였다. 다음 세 가지 협상 논리를 준비했다.

첫째, BIE는 오랜 역사에도 불구하고 선진국 위주의 기구가 되어 정체상태에 있었고, BIE가 명실상부한 세계적 기구로 발전하기 위해서는 많은 개도국의 회원가입이 필요한 시점이었다. 모범적 경제발전

의 모델인 한국이 개도국의 발전 모델을 제시하는 박람회를 개최한다면 개도국의 참가조건이 완화되고, 재정적 지원을 한다면 대전 엑스포의 예외적 개최 명분이 될 것이며, 이를 통해 BIE 발전에 도움이 된다는 점을 강조하였다.

둘째, BIE 발전을 위한 구체적 제안을 만들어 건의하였다. 주최국이 BIE에 대한 특별분담금을 지불하고, 개도국의 참가조건 완화하는 내용으로, 대전 엑스포 개최가 BIE의 혁신에 여러모로 기여하는 계기가 될 것임을 주장하였다.

셋째, 한반도의 특수상황을 고려할 때, BIE는 대전 엑스포를 통해 남북한 긴장완화에 기여할 수 있고, 국제적으로는 냉전의 완화와 선진-후진국 간의 남북 협력 등 국제평화와 협력 분위기에 선도적 역할을 할 수 있을 것이라는 점을 부각했다.

이와 같은 논리는 대전 엑스포 개최에 부정적이던 BIE 의장단과 주요 엑스포 전문가들로부터 긍정적 반응을 자연스럽게 이끌어 낼 수 있었다.

4) 대전 엑스포의 효과적 협상 토대

효과적인 협상을 위하여 협상가는 높은 목표와 기대치를 가지고 동기부여를 하여야 그만큼의 성과를 얻을 수 있다.

우리 측은 BIE와의 협상을 앞두고, 대전 엑스포를 개최한다면 지역의 균형적 발전에 기여할 수 있음은 물론, 시민들의 선진 질서의식을 고양하고, 생활환경을 미화하며, 거리 표식 및 각종 간판 제작 디자인이 발전하여 생활의 질을 향상시키고, 정보화 시대를 대비한 과학기술을 발전시키며, OECD 가입을 앞둔 한국이 선진국의 문턱에 올라서는 시험대가 될 것이라는 높은 목표를 설정했다.

국제적으로는 한국의 경제개발 모델을 개발도상국에 수출할 수 있는 계기로 삼고, 서울올림픽 개최 이후 우리나라가 다시 한 번 국제평화와 교류의 무대에 서서, 대외적 위상과 이미지를 제고시키는 기회를 가질 수 있으리라 자부하며 협상에 임했다.

사실, 당시 국내외 여론을 살펴보면 대전 엑스포의 공인 협상은 국제규범상 무례한 행위라는 생각이 강했다. 국내 최고의 로펌에서도 공인 협상은 '계란으로 바위치기'라며 거의 불가능하다고 판단했다. 그러나 대전 엑스포의 공인 협상은 성공했다. 협상가가 뚜렷한 목표를 갖고, 목표가 이루어진다는 신념 속에 긍정적인 마음으로 협상에 임하면 효과적인 협상결과를 갖고 온다는 사실을 입증하는 사실이다.

협상가로서 나의 신념이 어느 정도였냐하면, 대전 엑스포 공인을 위한 협상의 목표를 노트에 메모하여, 해외출장을 다녀올 때마다 수시로 읽으면서 가슴에 새겼다. 또한, 꼭 성공시켜야 한다는 강한 신념을 유지하기 위해서 늘 사직서를 품에 지니고 다녔다. 이 협상에서 실패한다면 외교부(당시 외무부)에 사직서를 낼 각오를 다진 것이다. 이렇듯 긍정적 신념과 열정을 가지고 정당한 목표를 향해 흔들림 없이 노력한다면 협상에 성공할 수 있다는 것을 확신한다.

단기간에 이루어낸 대전 엑스포 협상의 또 다른 성공 요인은 상호주의에 입각해 인간관계를 정립하고, 상대방의 입장을 이해하는 것을 전제로 문제 해결 방안을 모색했다는 점이다.

우리는 BIE 사무총장으로부터 대전 엑스포의 개최방향에 대한 정보를 입수했고, 집행위원장과 함께 주제에 대한 전략기획을 짰다. 추후 BIE 의장의 엄정 중립유지 및 BIE 제1부 의장의 대전 엑스포에 관한 긍정적 조사보고서 제출, 엑스포 마스터플랜 수립과정의 기술적 자문에 이르기까지 상호주의 원칙을 바탕으로 개개인과의 성실한 인간적인 신뢰 관계를 형성했다. 우리는 그들이 희망하는 바를 받아들임으로써 상호 간에 최대의 이익을 찾는 "Working Relationship"을 통해 성과를 거두었다.

인간관계를 형성하기 위해 BIE 내의 영국·프랑스 간의 견해 차이를 고려하면서, 개인별로 별도 접촉을 시도했다. 많은 시간적, 육체적 희생을 감수해야 하는 일이었지만 한편으로는 각 개개인과 인간적인 교류를 심도 깊게 나누는 계기가 되었다. 개인적으로 접촉을 할 때에는 BIE의 발전방향에 대한 토의와 더불어 대전 엑스포의 예상기여도를 포함한 공통이익을 의제로 삼아 얘기함으로써 그들이 거부감 없이 대전 엑스포를 도와줄 수 있는 분위기를 연출하였다. 대전 엑스포를 개최할 당시 43개국이었던 BIE의 회원 수는 그 후 95개국으로 2배 이상 증가했다.

대전 엑스포의 BIE 공인 교섭 과정에는 인간관계 형성에 대한 또 하나의 에피소드가 있다. 바로 BIE 미국 수석대표와의 인연이다. 당시 대전 엑스포를 가장 부정적으로 본 국가는 아이러니하게도 미국이었으며, 미국은 엑스포의 추가개최를 국가 재정정책상의 이유로 반대하고 있었다. 당시 미국의 엑스포 참가비는 ODA 예산 항목에 포함되어있었으며, 미국은 대외원조비를 올리는 대신 엑스포 예산을 삭감했다.

한국의 여러 인사들이 미국 대표를 설득하기 위해 다양한 방법으로 접촉을 시도하였으나 어려움에 봉착한 상황이었다. 나는 미국 대표가 오사카의 꽃박람회를 참관하러 일본에 온다는 소식을 듣고, 일본에서 접촉을 시도하기 전에 그에 대한 상세한 인적 사항을 알아보았다. 그는 40대 중반의 미혼으로 80대 모친과 함께 살고 있었으며, 일본에 방문한 이유는 어머니가 생전에 일본을 방문하기를 희망하였는데, 마침 꽃박람회의 참관 기회가 있어 동행한다는 소식이었다. 나는 그의 호텔 주소와 방 번호를 확인한 후 꽃다발을 주문하여 '어머니의 일본 방문을 축하드린다'는 메시지와 함께 나의 연락처를 함께 보냈다. 그날 저녁, 그는 나에게 전화를 걸어왔다. BIE 미국 수석대표는 모친이 크게 기뻐하였다며 감사의 인사를 전하고, 시간이 있으면 만나서 이야기를 나누고 싶다는 메시지를 전해왔다. 그래서 나는 미국 대표와 순수한 인간적 만남을 가졌고, 대화를 나누었다. 그는 우방국인 한국의 입장을 지지하지 못하는 심정을 설명하며, 앞으로 미국의 강경한 반대 관점을 중립적 입장으로 유지하기 위해 힘써 보겠다고 언급하였다. 미국은 추후 대전 엑스포의 모라토리엄을 깨는 최종 BIE 총회표결에서 기권을 표명했다. 한국 측의 수차례에 걸친 공식, 비공식 교섭이 낳은 결과다.

대전 엑스포 유치 공인을 위한 협상과정은 국제행사 유치를 협상하는 측면에서 참고할만 하다. 행사를 주관하는 국제기구, 협회 회장단, 주요 전문가와 인간적인 관계를 맺으면서 내부의 메커니즘을 미리 파악하고, 개최 당위성의 적합한 논리를 win-win 차원에서 개발하였으며, 선진국 각국의 입장과 사정을 자세히 파악하여 참가명분을 발견, 활용하는 맞춤식 교섭을 활용했고, 개도국에게는 참가 명분을 확보했다. 이와 함께 경협, 기술연계 등 각 국가를 대상으로 외교적 측면을 십분 활용한 지지층 확보 교섭이 협상에 주요했다.

나. 2010 여수세계박람회(여수 엑스포) 유치활동

1) 여수 엑스포 개최 배경 및 유치경위

서남해안을 개발해 국제적 수준의 대표적 해양관광 거점지역으로 육성한다는 정책에 따라 정부는 1999년에 2010년 세계박람회 유치위원회를 구성하고 공식 유치활동을 시작하였다.

정부는 2002년까지 3년간 BIE 회원국 78개국에 100여 차례 교섭대표단을 파견하였고, 개도국을 대상으로 물자지원 및 무상원조를 약속하는 등 전방위 총력 교섭을 전개하였다. 여수와 경쟁하는 나라들은 중국(상해), 러시아(모스크바), 멕시코, 폴란드였다. 이 중에서 중국과의 유치협상 경쟁은 매우 치열하였다. 유치교섭 활동 결과 여수는 고르바초프 전 대통령이 유치위원장으로 활동한 러시아의 모스크바와 멕시코, 폴란드를 제치고 중국과의 결선 투표에까지 이르렀으나, 20개국에 달하는 러시아 지지표가 중국으로 이동하는 바람에 마지막 표결에서 쓰라린 실패를 경험하였다.

2) 유치실패 주요 원인 분석

정부와 민간의 총력적인 교섭노력에도 불구라고 2010여수 엑스포 유치에 실패했던 주요 요인들을 분석해본다.

첫째, 협상대상(중국 상해)과의 경쟁에서 객관적으로 불리한 여건을 극복하지 못하였다. 당시 BIE는 2000년에 독일 하노버 엑스포를 개최하여 12억 유로의 손실을 입고 차기 개최지 여건에 예민한 관심을 보이고 있었다. 여수는 상해와 비교하면 국제적 인지도, 방문객의 지리적 접근성, 도시 규모와 인프라 측면 및 도시의 매력도에서 객관적으로 부족한 여건이었다. 또한 세계 500대 기업 중 250개가 상해에 있고, 상해의 인구는 1,700만 명이 넘는다.

둘째, 우리 측은 협상의 주체가 민간 대표로 대외 신뢰도에서 열세였다. BIE는 정부 간 국제기구로써 교섭대상이 각국 정부이다. 우리 측 유치 위원장은 민간인이었고, 중국 측 유치 위원장은 부총리급의 현직 각료였다. 교섭을 추진하면서 정부의 강력한 의지를 보여줄 수 있는지에서 우리가 불리했다.

셋째, 효과적인 교섭전략 수립을 위한 BIE와의 정보채널이 상대적으로 부족하였다. 경쟁 상대국인 중국의 활동에 대한 다양한 정보를 입수할 수 있는 창구가 충분히 이루어져 있지 않았다. 중국 측은 BIE 전 의장을 유치 위원회 고문으로 활용하는 등 처음부터 BIE 측과 제도적인 협조 관계를 긴밀히 유지하였다.

3) 협상측면의 실패원인 분석

가) 2010 여수세계박람회의 전략 분석

2010 여수세계박람회 공인 교섭은 경쟁적 교섭(Distributive Negotiation)의 전형적 케이스로서 앞서 기술한대로 한국, 중국, 러시아, 폴란드, 멕시코 5개국의 팽팽한 경쟁 구도에서 이루어졌다.

이러한 협상환경 속에서는 첫째로 예리한 정보, 첩보전이 필요하며, 무엇보다도 상대측의 입장과 활동상황에 대한 정보 파악이 요구된다. 이를 위해서는 주관 기구인 BIE 사무국과 간부진 그리고 전직 의장단을 비롯한 엑스포 전문가들과 인간적인 관계를 돈독히 하여 신뢰를 쌓아두어야 한다. 이들과의 접촉은 지속적으로 이루어져야 하며, 돌발적 상황에 대비한 지원 세력 및 자문통로로도 활용될 수 있도록 관계를 쌓아나가야 한다.

둘째, 경쟁대상이 복수가 되면 경쟁자 간에 상호지지 합의를 통한 추가적 지지세력 확보가 필수적이다. 협의과정은 세심한 주의와 깊은 신뢰, 상호이익 등을 고려하여 전략적으로 추진되어야 한다. 한국측은 중국과의 결선투표에 대비하여 멕시코, 러시아 등 주요 경쟁 대상과 예선투표에서 탈락하는 측이 상대를 지지한다는 묵시적 합의를 이루어 놓았으나, 러시아는 한국이 멕시코와도 이러한 상호지지 합의를 해놓고 있다는 사실을 인지하고 우리들과의 합의를 일방적으로 파기함으로써 러시아 지지 세력이 중국 측으로 넘어가는 결과를 낳았다.

셋째, 경쟁 상대 측이 대세를 이룰 때에는 네거티브 전술의 효력은 미미하다. 나는 중국과의 경쟁에서 불리한 상황을 극복하기 위하여 중국의 심각한 황사 먼지 오염이 지역 환경을 악화시키고 있어, 대도시 개발과 인구 집중을 유발하는 대규모 국제 행사가 상해에서 개최되는 경우 환경문제가 우려된다는 점을 강조했다. (중국 상해 엑스포 주제는 Better city, Better life) 또한 중국은 이미 2008년 북경 하계 올림픽을 유치한 상태였기 때문에 연속적으로 세계의 2대 행사를 같은 나라에서 개최하는 것이 부당하다는 부정적 여론을 부각시켰다. 그러나 네거티브 전술은 상호경쟁이 팽팽한 경우에는 어느 정도 효과적이지만, 상대 측이 대세를 이루고 있을 때에는 효력이 나타나지 않는다.

넷째, 중국 측의 전방위 레버리지 활용에 비해 우리 측은 협상카드가 미약하였다. 중국은 상해가 세계적 경제 중심도시인 점을 활용하여 주재 외국상사들의 상해클럽을 구성하여 지지를 이끌어내었고, 개도국에 대한 대규모 경제원조(우리 측과 비교하면 100배 규모)를 약속하고 투표 전날에는 러시아와 국가 간의 상호지지 합의를 하는 등 지지 분위기를 이끌어 내기 위해 긍정적인 전방위 레버리지를 활용한 것으로 분석된다.

나)예비협상 분석

협상준비 절차에서 전략 수립기획 단계는 협상 결과의 성패를 이루는 중요한 단계이다. 내부적으로 준비된 협상 전략이 현장상황에 맞게 효과적으로 수립되었는지 여부를 예비협상을 통하여 재점검하고 지속적으로 평가해 나가며, 필요하면 더욱 발전시켜 나가야 한다.

예비협상은 유사한 상황 속에서 과거의 경험사례와 관련 정보를 수집하고, 자문 또는 상담을 통해 새로운 내용을 개발해 나가기 위해 관련 이슈의 책임자 또는 전문가를 비공식적으로 접촉해 인간적으로 친밀한 관계를 형성하는 과정이다.

나는 여수 엑스포가 공인을 4개월 앞둔 시점에서 종합상황실장을 맡게 되었다. 대전 엑스포의 자문을 통하여 오랫동안 친밀한 관계를 유지했던 BIE 전 부의장을 만났을 때, 그는 여수가 상해의 잠재시장과는 경제적 규모 면에서 비교가 안된다며, 참가비용을 절감하는 방안이나, 여수 엑스포에 참가했을 때 경제적인 이익을 낼 수 있는 방안을 개발하라는 조언을 해주었다. 그는 여수 엑스포가 참가국의 최대수혜 박람회가 될 수 있음을 부각시킬 것을 강조했지만, 그럼에도 불구하고 중국과의 대결은 매우 어려운 경쟁이 될 것이라고 부연했다. 그리고 2010년의 공인실패에 대비해 2012년 엑스포 개최를 목표로 하면서, 중소도시의 엑스포 개최에 적합한 환경친화적 해양박람회를 BIE 측과 긴밀히 협력하며 준비할 필요가 있다고 말했다.

한편, 중국 측은 처음부터 BIE의 전 의장단을 자문단으로 영입하고, BIE 측과 긴밀한 관계를 유지 하면서 필요한 정보를 파악하며 협상전략에 활용했다. 따라서 영향력 있는 전문가들과의 예비협상을 통해 우호적인 관계를 맺고, 그들의 지원으로 지지 분위기를 확산시켜 나가면서 자문을 통해 내부협상 전략을 수정해 나가는 과정은 모든 협상 성공의 지름길이다.

박람회 유치교섭 전략을 제대로 짜기 위해서는 BIE 전문가들의 자문을 받아가며 박람회의 기본 컨셉과 행사 개최 당위성의 논리를 개발하고, 마스터플랜과 사후 관리계획을 검토하며, 행사내용의 새로운 아이디어를 발굴해야 한다. 또한 해당 국가별 교섭 방향 및 전략 교섭 대상 국가 선정과 대외홍보 등도 깊이 있는 자문을 받는 편이 좋다.

다)공인협상 전술면의 분석

2010 여수 엑스포 공인 과정은 3년 동안 정부와 민간 부문을 합쳐

역대 어느 행사의 유치와는 비교가 안 될 만큼 협상에 모든 역량을 기울였다. 100회에 이르는 관·민 사절단 파견, 세계 각국의 외교채널을 통한 지속적인 적극적 교섭 및 민간분야의 로비활동을 전방위적으로 펼쳤다. 그러나 한국의 총력전에 자극을 받은 중국이 행사유치를 위해 함께 총력전을 펼치게 되었다. 결국 상해와 여수 두 도시간의 인지도, 도시규모, 접근성 등 여러면에서 우리에게는 불리한 상황으로 전개되었다.

엑스포 공인교섭은 기본적으로 대상국에 대해 외교 교섭과 전문가를 활용한 교섭을 균형있게 병행 추진할 필요가 있다. 중국은 위에서 서술한 것과 같이 상해주재 250개 서구 대기업 대상으로 "상해클럽"을 결성시켜 전문적 교섭창구로 활용하였고, 중국 최초의 세계 박람회 개최가 BIE의 세계적 지위상승을 돕고, 일반 대중에게 BIE를 알리는 홍보에 기여할 것이라는 유치 명분을 내세웠다.

결론적으로 2010 여수세계박람회 유치는 실패했지만, 유치과정에서 쌓은 경험과 네트워크는 2012년 여수 엑스포 공인획득에 커다란 도움을 주었으며, 앞으로의 국제행사 유치협상에 참고할만한 유용한 교훈을 주는 사례로 볼 수 있다.

2009 국제우주대회(IAC) 유치활동

IAC(International Astronautical Congress)[2)]는 1950년 파리 총회 이후 매년 개최되는 우주분야 세계 최고의 국제행사다. 2009년에 60회를 맞이한 IAC는 우리나라 대전에서 열렸으며, 우리는 아시아에서 일본, 중국, 인도에 이어 4번째 개최국이 되었다.

2009년 IAC 유치는 행사주관기관인 국제우주연맹(IAF) 부의장국인 중국과 우주 국제법 분야의 선도국이자 IAF 부의장국인 체코와 경쟁해야 하는 매우 어려운 싸움이었다. 당시 한국은 IAF 회원국으로 가입되어 있었으나, IAC 대회 참여 실적이 중국, 체코와 비교해 저조했기 때문에 대부분 유치가 불가능하다고 생각하는 상황이었다.

2009 IAC를 유치하기 위해 나는 공인 초기부터 행사 완료까지 주도적으로 협상에 참여하였고, 결과적으로 IAC 유치를 이끌어냄으로써 경쟁적 협상(Distributive Nego)의 성공적인 사례를 소개할 수 있게 되었다.

2009 IAC 대회에서는 한국이 제안한 "우주평화와 지속적 발전을 위한 대전선언"이 채택되면서 아시아 태평양, 아프리카, 중남미의 지역 그룹이 창설되었고, 이 대회에서 한국이 국제우주연맹 아시아 태평양 지역그룹 의장으로 선출되어 지역협력활동에 주도적 역할을 맡게 되었다. 2009 IAC 는 IAF의 60년 역사상 대회 규모나 내용 측면에서 가장 성공적인 행사로 평가된다.

IAC협상과정에서 활용한 주요 전략, 전술 등에 대해서 6개 분야로 나누어 분석해 보자.

가. 내부협상의 성공사례

IAC 유치 협상을 시작할 당시, 한국에서는 "한국 우주인 1호" 이소연 박사가 탄생했고, 국내 최초의 우주로켓 나로호 발사계획이 화제가 되면서 우주에 대한 국민적 관심이 조성되는 시점이었다. 때마침 대전시는 과학도시라는 이미지를 제고할 필요성을 느끼고 있었고, 한국항공우주연구원은 우주개발 20주년을 기념하기 위한 사업을 궁리하던 중이어서 양 기관이 MOU를 체결하기에 이르렀다.

IAC 유치위원회와 자문위원회에는 대전시, 항공우주연구원 외에 관계 전문가, KAIST 등 관계기관대표, 언론계 인사가 참여해 IAC 내부전략 기획을 마련하였다. 특히 지자체와 지역관계기관과의 MOU 체결에 따른 역할분담 사례는 하드웨어와 소프트웨어의 융합이라는 측면에서 2010 IAEA 핵융합 에너지 총회 등 여러 행사에서 모델이 되었다.

IAC 대회의 특성상 준비과정에서 전문기관의 포괄적 의견 수렴이 필요했다. 협상대상 및 의제, 유치 타당성 논리 등을 전문기관과 함께 준비했다. 여기에 지방언론이 여론을 뒷받침 해주었다. 이를 통해 IAC 유치과정에서 관계기관들 간의 의견 차이를 없애고, 긴밀한 공조를 이루어 외부협상력이 약화하는 일이 없도록 준비할 수 있었다.

나. 효과적 협상기본토대의 활용

첫째, 협상동기부여 강화를 위해 높은 목표를 설정했다.

IAC 유치는 한국이 선진우주클럽에 가입하는 시험대이며, 특히 2009년은 한국이 우주개발을 본격적으로 시작한 지 20년이 되는 해였다. 2009년을 맞아 과학특구인 대전에서 IAC를 개최한다면 대덕특구의 발전과 대전의 이미지 제고뿐만 아니라 달 탐사 등 중장기

우주개척을 위한 시발점으로 삼을 수 있었다. 대전 엑스포의 사후관리 차원을 고려할 경우에도, 엑스포 과학공원에서 우주이벤트나 전시행사를 진행하고, 새로 건립된 대전컨벤션 센터에서 우주 과학 학술행사를 개최할 수 있으므로 엑스포가 갖는 의미가 더욱 클 것이었다. 나는 협상가로서 위와 같은 목표를 설정하고, 꼭 이루고 말겠다는 신념으로 협상에 온 열정을 쏟았다.

둘째, 보편성의 원칙과 일반규범을 활용했다.

2009 IAC는 국제우주연맹(IAF)의 대륙별 개최 순서에 따라 아시아 국가의 차례라는 점을 부각했다. 그럼으로써 경쟁대상국 중 체코(프라하)의 경쟁력을 약화시켜 나갔다.

셋째, 대전 엑스포 공인 때와 같이 IAF 의장단과 우주선진국 인사들과 인간적 관계 증진에 힘썼다. 강한 경쟁대상국인 중국(상해)과의 경쟁에서 이길 수 있는 전략을 기획하고, 정보를 입수하는 한편, 친 한국적인 분위기 형성에 주력하였다. 이를 위해 특히 IAF 의장과 사무총장과는 2006년 공인부터 2009년 개최 때 까지 오랜 시간을 두고 단계적 우의를 쌓았으며, 서로의 생활 문화를 접할 기회를 자주 갖고, 꾸준히 신뢰를 쌓아나갔다. 또한 유럽우주청(ESA, IAF 최대 후원기관)의 국제관계관과 신뢰를 쌓는 과정에서 그 나라 언어인 프랑스어로 대화를 나누면서 인간적인 우정을 나누었다.

넷째, 주관기관인 IAF와 Win-Win 하는 전략을 구사했다. 한국의 IAC 개최는 대전 엑스포와 같이 개도국들의 IAC 참가를 늘려줄 것이며, 서구 선진국 회원들로 이루어진 IAF 기구를 세계적인 기구로 발돋움하는 계기를 마련할 수 있고, 한국이 공인되는 경우 개도국이 많이 참가할 수 있도록 참가비를 50% 할인하는 등의 노력을 하겠다는 의지를 표명했다. 또한, 중소기업, 의회 등에서 새로운 회의를 연다거나, 대시민 우주홍보행사로 우주 축제를 여는 등 행사 운영 면에서도 참신한 방안을 제시하였다.

다섯째, IAF 측에 대한 대중국 레버리지를 찾아내 교섭수단으로 활용하였다. 중국은 2010년 상해에서 세계 엑스포를 개최할 예정이므로, 2009년에 상해에서 IAC가 열린다면 개최 준비에 지장이 있을 것임을 IAF 측에 암시했다. IAF 조사단은 추후 상해에서 현지답사를 한 후, 엑스포 준비관계로 IAC 개최지가 중심지에서 벗어났으며, 호텔 사정도 여의치 않다는 부정적인 보고서를 제출하였다.

게다가 당시 EU 주요국들은 중국이 우주강대국으로 갑자기 부상하는 것을 두려워하고 있었으며, 중국 측은 한국이 아직 스페이스클럽에 들어있지 않으므로 경쟁상대가 되지 않는다는 태도를 보였다. EU 국가들이 중국에 갖는 심리적인 저항감을 보면서, EU 국가들의 필요와 두려움(Balance of needs and fear)을 레버리지로 활용하였

다. (Balance of needs and fear)

다. 협상전략기획 준비를 위한 현지 비공식 접촉 활용

협상실행에 효과적인 전략기획서를 준비하기 위해서는 상대측에 사전 양해를 구하고 현지에서 만나 비공식 예비 접촉을 하는 것이 바람직하다. 비공식 예비 접촉을 통하여 전반적 협상범위(ZOPA), 현지사정 평가분석 및 효과적 대안(BATNA) 모색, 세부 Action Plan에 대한 협의나 정보교환을 할 수 있고, 접촉대상자들을 지원세력으로 포섭할 수도 있다.

IAC 공인을 위한 내부협상에서 강력한 경쟁국인 중국이 있어 결과를 예상하기 어렵다는 의견과 1995년에 IAC를 한번 개최한 중국보다는 한국이 유리할 것이라는 상반된 의견이 대치되었다. 따라서, 유치 가능성이 어느 정도인지, 어떠한 방법으로 추진하면 좋을지에 대해 IAF와 주요 국가 대표들의 생각을 들어볼 필요가 있었다.

대전시, 항공우주연구원, 대전컨벤션뷰로 직원 등으로 구성된 IAC 유치 실무교섭단은 5일이라는 짧은 기간 동안 IAF사무국, 유럽우주청(ESA), 프랑스우주청(CNES), 독일우주청(DRL), 프랑스IAC선정위원(IAF부의장), 태국 파견중이던 일본우주청(JAXA)직원이자 IAC 선정위원, 일본 우주위원회 및 JAXA 관계자를 방문해 이야기를 나누는 강행군을 하였다.

실무단은 출장에 앞서 각국의 우주정책 동향과 각종 우주 관련 자료를 수집하여 교섭에 필요한 기본지식과 접촉대상자에 대한 정보를 정리했다. 특히, 우주활동에 관련된 5대 국제 규범과 미, 일, 중, EU 국가 (프랑스, 독일) 등의 우주정책 및 성과와 국제협력 상황, 우리나라의 우주협력관계 상황, 항공우주연구원의 사업 등 기본적인 정보를 종합했다.

독일 DRL 측과 접촉하면서 중국 측의 동태와 독일의 IAC 공인 및 개최경험에 대한 정보를 얻고, 프랑스에서는 ESA 국제관계 책임자의 자문으로 주제 선정(Space for Peace & Sustainable Progress)과 관련된 협의를 하면서, 프랑스를 포함한 EU 주요 국가들이 중국의 2009년도 IAC 개최에 대해 별로 호의적이지 않다는 정보도 함께 입수했다. 프랑스우주청(CNES)은 서구 국가들의 지지를 받기 위한 구체적인 협상방법도 조언해 주었다. IAF 사무국에서는 미국인인 IAF 의장과 프랑스인인 IAF 부의장을 만나 한국의 IAC 유치에 대한 당위성과 IAF와의 win-win 전략 등을 설명하면서 사전에 협조를 구하였다. 태국, 일본 등지에서 일본 관계자들을 만나 2005년도에 일본이 IAC를 유치했던 경험을 청취하고, 협상전략에 대해 의견을 나누었다. 일본은 우리에게 9명의 IAF 부회장을 교섭하고, 미국의 NASA와 미국인 IAF 의장을 교섭하며, 사전교섭 40%와 투표현장 60%의 교섭역량을 배분하라는 구체적인 조언을 하며, 일본이 한국을 호의적으로 지지할 것이라는 입장을 전달받았다.

현지에서 진행된 비공식 협상을 통해 우리의 IAC 유치는 성공 가능성이 50%라는 보고서를 작성할 수 있었고, 주요 협상대상과 협상논리, 경쟁국인 중국과 체코에 대한 대처방안, 주최기구인 IAF와의 상호 공동이익추구방안, 투표현장에서의 협상전술 등에 대한 전략을 보완하여 구체적인 실행계획서를 만들었다.

라. 예비협상의 성공적 이행

예비협상은 상대측과의 좋은 관계 유지, 폭넓은 정보교환, 레버리지 확보 등 3대 목적을 이루기 위한 중요한 협상단계이다. IAC 공인협상은 예비협상에서 성공한 사례다.

나는 IAF 의장단과 서구 전문가 중 한국에 호의적인 인사와 한국의 IAC 개최에 찬성하는 인사들을 선정해 주기적으로 접촉했다. 그들을 한국에 초청하여 한국에 대한 이해를 높이는데 주력했다. 이런 과정을 통해 IAF 내의 제반 움직임과 경쟁대상국인 중국의 동향을 입수하여 협상전략을 효율적으로 추진해 나갈 수 있었다.

협상가는 협상대상 국가의 문화와 언어를 이해하는 이중문화해설자(Cross-Cultural Interpreter)가 되어야 협상에서 유리한 고지를 차지한다는 교훈이 있듯이, 프랑스 대표와 예비협상을 하며 프랑스어를 사용한 결과 기대 이상의 효과를 가져왔다. 프랑스는 우리 측의 주제선정에 대해 협조하고, 협상대상에 대해 전문적인 자문을 해주었으며, 중국에 대한 유용한 네거티브 전략, IAF 사무국과의 우호적인 분위기 조성 등 우리가 협상에서 우위를 점할 수 있는 여건을 만들어 주었다.

또한, IAF 사무국장을 비롯한 간부진들과의 긴밀한 관계는 중국, 체코와의 경쟁에서 레버리지를 만들어 냈다. IAF 측과의 진솔한 협의를 통하여 세계 국회의원회의, 중소기업 클러스터 포럼, 미래세대 특별 프로그램 등 새로운 회의를 창출했고, IAC를 우주축제와 동시 개최하여 일반대중의 관심을 제고하는 한편, IAC 개회식에서 주최국에 IAF 깃발을 전달했다가 폐회식에서 차기 개최국에 인계하는 상징적인 의전 예식(올림픽 행사 벤치마킹), 대전우주선언을 통한 지역그룹 결성으로 IAF의 내부 결속력 강화 등 경쟁국과 차별화된 제안을 함으로써 레버리지를 확보했다.

한편 IAF측의 협조로 경쟁대상국보다 저렴한 참가비를 제의할 수 있었고, 이익금의 반환비율도 경쟁국보다 조금 높여 책정함으로서 협상에서 유리한 위치를 점할 수 있었다.

마. 본 협상의 효과적 시행

본협상은 IAC 공인투표를 하는 IAF 총회에서의 Two Track 협상으로 진행했고, 양해와 타협을 통한 경쟁우위 확보, 신용과 믿음과 강한 의지를 감동적으로 전달하는 협상전술로 경쟁국과 차별화를 꾀하였다.

Two Track 협상이란 의장단에 대한 교섭과 동시에 각국대표단에 대한 사전득표 공작을 진행하는 방식이다. 보통 일반 국제기구의 결정은 의장단의 평가로 이루어지므로 의장단의 지지를 확보하는 것이 필수적이다. 그러니 의장단과의 교섭을 해나가는 한편, 치열한 경쟁 때문에 불가피하게 총회 투표가 실시되는 경우도 있으므로 각국 대표단을 교섭해 득표 공작을 함께 하는 것이다. 2009 IAC 공인은 예상대로 3개국의 끈질긴 경쟁 속에 결국 총회의 투표로 결정되었다. 우리는 다른 경쟁국에 비해 적극적인 사전 교섭을 추진한 결과 유치를 성공할 수 있었다.

본 협상은 마지막까지 더 나은 결과를 얻기 위해 계속된 타협을 주고받는 과정이다. 처음에 우리는 체코 측에 상호지지 동의를 제의했으나, 체코 측은 냉담했다. 차선책으로 중국과의 협력을 생각해야 했다. 2010 여수 엑스포 공인 과정에서 중국 상해와의 경쟁에서 패한 경험이 있었으므로, 무엇보다 중국과의 경쟁에서 이겨야겠다는 생각을 갖고 있었지만, 점차 체코에 대한 지원 세력이 강해지고 있었기 때문에 부득이 중국과 상호지지 합의를 해야 했다. 그럼으로써 대세론 및 우위 확보를 해나갔다.

본 협상에서는 상황에 따른 여러 가지 전술적 협상기술을 활용해야 한다. IAC와 같은 국제행사를 경쟁적으로 유치할 때는 무엇보다도 주최 측의 강력한 의지를 표명하고, 믿음을 주어야 협상을 성공으로 이끌 수 있다.

우리는 총회에서 프리젠테이션을 할 때, 전문사회자나 실무책임자가 사회를 보던 관례를 깨고, 고위 책임자가 직접 전체적인 사회를 보면서 그때그때 유치 당위성을 설명해 나갔으며, 국무총리와 관계부처 장관의 영상메시지, 시장, 항공우주연구원장의 지지연설을 통해 우리 측의 강한 의지와 신뢰를 주었다. 이에 비해 체코와 중국 측은 평소에 하던 대로 실무요원이 사회를 보았으며 조직위 측 간부진들의 메시지를 전달하는데 그쳤다. 우리는 총회에서의 협상기술에서 호의적인 평가를 받았다.

바. 후속협상의 철저한 관리

2009년 IAC 대회는 IAF 60년 역사상 가장 성공적인 행사로 평가받는다. 그 이유는 공인 과정에서 우리 측에 부정적이던 의장단을 비롯한 경쟁관계에 있던 모두를 포용하여 IAC 준비에 협조할 수 있도록 교섭하고, IAF 측과 긴밀한 협력체계를 이루며 "Win-Win Approach"를 유지한 후속 협상때문이다.

국제과학공원총회(IASP) 유치활동

가. IASP[3)] 개최 의의 및 배경

2010년 대덕국제과학공원총회(IASP)는 "글로벌 녹색성장"을 주제로 하여 역대 총회 중 최대 규모로 열렸다. 이 행사는 국내외 석학들의 호응 속에서 과학공원 간 그린네트워크 구축과 이를 통한 공조협력의 기반을 마련했다.

대덕특구는 국가적 연구개발거점으로 10년 내 세계적 혁신클러스터로 도약하기 위한 "연구개발특구"로 지정되었고, 기업, 대학, 연구소, 정부가 함께 공동목표를 추구하는 혁신적 클러스터로서, 연구결과의 상업화를 통한 해외수출과 세계적 네트워크 형성을 이루기 위한 계기를 찾기 위해 IASP 유치를 추진하게 되었다.

당시 대전시는 대전 엑스포 개최 이후 세계과학도시 WTA(World Technopolice Association)를 창설하고, UNESCO와의 긴밀한 협력 속에서 개도국을 대상으로 한 과학공원의 수출을 모색하고 있었다. 공동목표와 비전을 갖고 있던 대전시와 대덕특구 간의 IASP 유치 공조는 공인 추진과정에서 시너지 효과를 얻을 것이라는 기대로 공인 협상에 임하였다. 한편, 2010 IASP 유치를 원하는 경쟁국은 한국, 프랑스, 영국, 포르투갈, 덴마크, 대만 등 6개국이어서 치열한 경쟁이 예상되었다.

나. 철저한 협상전략기획 준비

첫째, 유치 당위성을 위한 최상의 논리를 개발해야 했다. IASP의 경우 전체회원 수의 64%가 유럽지역 국가에 포진해 있으며, 더군다나 프랑스, 영국 등 IASP의 영향력 있는 국가들이 경쟁 대상이었다. 태국인인 IASP 의장과 스페인인 IASP 부의장 등의 자문을 받고, 각종 자료를 수집하며 회원국들로부터 정보를 모아 의견을 정리하였다.

먼저 IASP가 서구중심의 연합에서 아시아, 중남미, 아프리카 중동 등을 포함하는 세계화를 추진하려면, 지금까지 관례로 해오던 유럽, 비유럽지역 개최지 선정을 5개 대륙의 순환개최로 전환할 필요가 있음을 강조하였다. 또한 IASP의 과학공원 개발 모델과 관리 모델을 개도국에 상품으로 수출하고, 기술이전을 하는 비즈니스 창출의 계기로 삼을 필요가 있음을 내세웠다. 특히, 대덕특구의 성공적 혁신 클러스터 성장모델을 개도국 과학공원 개발에 적용하면 IASP, WTA, UNESCO의 삼각 협력 메커니즘을 강화시킬 수 있는 계기가 될 것이라는 점을 부각했다.

둘째, IASP의 내부 메커니즘을 분석하여 지역적 영향력을 갖고 있는 대표들 중에서 한국에 우호적인 인사를 선정했다. 주요 협상대상을 접촉해 전략수립에 필요한 자문을 받고, 추후 유치를 지원해줄 수 있는 로비스트로 포섭하였다.

IASP부의장인 스페인 대표와 이탈리아, 캐나다, 스웨덴, 중국, 이란 대표가 대상으로 선정되었다. 이와 함께 IASP 의장, 사무총장과 지속적으로 접촉하면서 각국의 유치 활동에 관련된 모든 정보를 수집했다.

셋째, 단계마다 중점적으로 공략해야 할 대상을 분석해 두었다. 한 후보씩 탈락시키는 투표방식을 고려하여, 경쟁대상국 5개국을 대상으로 상호지지 입장을 협의할 수 있는 파트너를 모색하면서, 특히 강력한 후보인 프랑스, 영국과의 결선을 예상해 이에 대응하는 지지표를 최대한 확보하는 전략을 세웠다.

넷째, 주제 개념의 개발을 위한 국제 세미나를 개최하여 우군을 확보했다. 그럼으로써 참가자에 대한 혜택과 경제적 이익을 부각시키고, 서구회원들이 지리적인 원거리를 이유로 참가에 반대할 명분을 사전에 봉쇄하는 방안을 마련하였다.

다섯째, IASP 투표 메커니즘의 특별한 성격을 고려한 전략을 세웠다. IASP 투표는 국가마다 표의 숫자가 다르며, 지역적인 여론에 영향을 받는다는 사실을 고려하여 315개 회원 각각의 투표성향을 분석했다. 1차 투표 결과, 2차 투표 결과를 예측, 분석하여 협상대상에 대한 접근 강도와 접근 필요성 여부 등을 세밀히 점검했다.

이러한 협상추진 분석 작업은 IASP 스페인 대표와의 인간관계 형성을 통해 긴밀한 협조를 얻어가며 진행하였다.

다. Distributive Nego에서 예비협상을 통한 정보입수의 역할

2010 IASP 유치 협상에서 가장 어려웠던 점은 무엇보다도 경쟁대상국이 서구 주요국가들이라는 점이었다. 유럽 지역 내의 언어적, 문화적 동질감은 유치 결정에 영향을 주는 요인이었다. 반면, 유럽 국가간의 IASP내의 경쟁적인 동향을 파악한다면 우리쪽의 레버리지로 활용할 수 있었다.

우리는 스페인 대표, 스웨덴 대표, IASP의 창립인사인 프랑스 상원의원 등을 대상으로 유럽 전역에 걸친 인적 네트워크를 구축하는 데 주력했다.

첫 번째 예비협상 대상인 IASP 부의장인 스페인 대표는 스페인 동남부 지역의 인사로서, 신중하면서도 남부지역의 열정적 성격을 가졌다. 스페인 IASP 조직위원회의 간부여서 스페인을 포함한 서유럽, 남유럽, 중남미 지역을 포괄하는 폭넓은 인맥을 통해 주도적인 여론 형성을 할 수 있는 인사였다.

그와의 접촉을 통해 스페인이 프랑스로부터 IASP 사무국을 유치하여 이전시킨 배경과 IASP의 세계화 과정에서 프랑스와 스페인이 내부 영향력 강화를 위해 각각 자국의 구 식민지 국가인 불어권 아프리카, 스페인어권 중남미 국가들에게 경쟁적으로 가입을 권유하고 있다는 정보를 입수했다. 그가 한국을 지원하는 이유는 나와의 인간적인 관계 외에도 프랑스를 비롯한 다른 유럽 국가들의 영향력을 견제하려는 목적도 있음을 감지했다.

스페인 대표를 통해 중남미 지역의 지지를 얻는 데 많은 도움을 받았고, 포르투갈의 동향에 대한 상세한 정보를 입수하여 포르투갈은 경쟁력이 떨어진다는 사실을 사전에 파악할 수 있었다.

두 번째 예비 협상 대상자는 프랑스의 상원의원이었다. 그는 1980년 중반 IASP 초창기에 주도적인 역할을 했고, 프랑스 최초의 과학공원을 니스에 만들어 운영했다. IASP의 원로역할을 하는 그와의 접촉을 통해, 2010년의 프랑스 후보지는 프랑스 내 수십 개 과학공원 중 일부의 지지만을 받고 있으며, 그의 과학공원 운영철학과 다른 후보이기 때문에 그리 긍정적으로 생각하고 있지 않음을 확인했다. 따라서 프랑스 후보지는 내부협상에서 약점이 있음을 파악할 수 있었다. 또한, 그는 유럽 지역 과학공원이 혁신할 필요가 있다면서 한국의 대덕 과학공원과의 협력에 관심을 표시했고, 공인 협상추진에 대한 여러 가지 경험을 들려주었다.

세 번째 예비협상 대상은 스웨덴의 대표였고, 그는 북유럽 지역의 지지표를 확보하는 데 많은 도움을 주었다.

나는 스웨덴과 여러 인연이 있었는데, 스웨덴에서 근무를 한 적이 있었으며, 당시 스웨덴 어를 공부했고, 첫 자녀를 스웨덴에서 가졌었다. 당시 스웨덴 정부는 스웨덴어를 보급하는데 적극적인 정책을 펴고 있었다. 스웨덴 대표는 흔치 않은 자국의 언어를 사용하는 동양인과의 만남에 친밀함을 보였다. 첫아이의 제2의 고향이 스웨덴이라는 정서적인 연대감도 편안한 분위기를 만드는 데 한 몫을 하여, 그와 자연스러운 인간관계를 형성해나갈 수 있었다. 스웨덴에서의 생활 등 상호 공감할 수 있는 화제로 시작한 이야기는 과학공원운영에 대한 토의로 옮겨갔다. 나는 대덕특구의 IASP 유치에 지원을 요청했다. 그는 큰 거부감을 보이지 않았고, 이른 시일 내 한국의 대덕연구단지를 방문해보고 싶다면서 북유럽의 스웨덴어 지역인 노르웨이와 이웃국가인 핀란드의 협조를 얻는데 힘써보겠다고 약속했다.

서구경쟁대상국의 하나인 북유럽의 덴마크에 대해서는 북유럽의 일부 회원들이 지지를 보내고 있으나 대세는 아님을 알 수 있었다. 이후 북유럽의 한국 지지는 2010 IASP 공인의 결정적인 요인이 되었다. 이후 스웨덴 대표는 대덕특구를 방문하여 좋은 인상을 받고 돌아갔다.

라. 국제협상의 연대의 힘(Power of Alliance) 견제

한국에 대한 지지 분위기가 확산되면서 대세를 이루게 되자, 이에 대한 대응으로 나머지 유럽 국가들이 자연스럽게 연대를 할 것이라고 예측할 수 있었다. 우리는 이에 대응한 전략을 사전에 세워놓았다.

투표 전날, 영국 측의 제안으로 갑작스럽게 EU 국가 모임이 열렸다는 소식을 스페인 대표를 통해 접했다. 미리 수립해 놓은 전략에 따라 프랑스, 독일, 스페인, 스웨덴 국가의 대표들을 만났고, 영국 측의

제안에 따른다면 EU 국가 내의 반발이 따를 것이며 페어플레이 정신에 맞지 않으므로 부정적 효과가 있을 것이라고 설득했다.

스페인 대표에게는 EU 대표회의에서 이러한 입장을 거론해 줄 것을 요청했다. 프랑스대표에게는 프랑스와 한국이 최종주자로서 오르고 있는 상황에서, 영국에 유리한 환경을 만들어 줄 수 있다는 부정적 측면을 강조하였고, EU 대표회의는 결국 아무런 합의도 없이 결렬되었다.

프랑스는 그동안 불어권 연대(Francophone Association)를 활용하여 세를 모으고 있었다. 나는 불어권의 대표격인 캐나다 몬트리올 대표와 접촉기회를 마련하여, 개인적인 친분을 쌓으며 한국의 입장을 깊이 이해시켜 나가는 한편, 불어권 내부세력 간의 틈새를 벌려나갔다.

이러한 협상전략의 결과 아이러니하게도 한국과 함께 결선 투표에 오른 국가는 지지 세력이 약했던 덴마크였으며, 결선투표에서 덴마크가 기권함으로써 자동적으로 한국에 대한 2010년 IASP 총회 공인이 이루어졌다.

IASP 공인 협상의 열쇠는 관계 전문 인사들의 정보를 기반으로 한

치밀한 전략기획, IASP 기구의 역학관계를 고려하여 선정한 대상자들과의 예비협상 효과, 유럽지역에 대한 깊은 문화의 이해와 응용, 현지 언어의 사용을 통한 효과적 커뮤니케이션 수단이었다고 볼 수 있다.

에필로그 _

이 책이 국제협상에 대한 기본적인 교양서로서 대한민국을 이끌어 갈 미래 세대의 꿈나무들에게 국제적인 소양을 배양시키기 위한 지침서가 되기를 기대합니다.

이 책에서는 국제협상의 개념과 성격, 협상환경, 협상전략, 전술 측면 등 기본적인 지식을 전달하는데 치중했고, 협상현장에서 참고할 만한 세계 각국의 협상모델과 분야별 협상의 특징을 포괄적으로 전달하려고 노력했습니다.

협상윤리 측면을 별도로 설명하지 않은 이유는 철학, 심리학, 사회학 측면의 전문적 지식과 연계할 경우 실용적이기 보다 이론적인 성격이 강해지기 때문이며, 실제 협상무대에서는 보편적인 원칙과 상식의 범주에서 벗어나지 않는다면 윤리적인 문제가 발생하지 않기 때문입니다. 대신 6장에서 설명한 효과적인 협상의 6가지 기본 토대를 협상윤리를 전제로 한 협상기술 활용법으로 이해하기 바랍니다. 다만, 대테러·인질협상은 예외로 봐야겠지요. 이 책은 협상의 기본을 설명하는 데 중점을 두었으므로 국제통상이나 테러인질 협상 등 특수한 협상 분야는 별도의 전문서를 참고하는 편이 좋겠습니다.

8장에서 제시한 국제협상 모델 중에서 국제행사유치 모델과 세계 각국의 협상모델은 원칙적이고 개념적인 내용만 간단히 기술하였습니다. 협상의 배경과 과정, 인간관계 및 네트워크를 형성하는 법과 같은 구체적인 협상 경험과 뒷이야기는 별도의 사례집을 구상하는 중입니다.

이 책을 읽은 우리나라의 젊은이들이 세계 무대의 어떤 분야에서든 유능한 협상가로서 활동할 수 있는 품성과 교양, 폭넓은 전문지식을 쌓아 나가기를 희망합니다. 나아가서 최고의 국제협상가가 되기 위해 스스로 협상의 새로운 기술과 방법을 창출하기를 바랍니다.

마지막으로 협상의 성공 여부는 협상가 개인의 능력 뿐 아니라 협상팀의 팀워크와 협상가를 도와주는 주변 사람들의 정성과 배려에 달려있다고 생각합니다. 따라서 이 책이 나의 사회활동을 물심양면으로 도와주었던 외교부를 비롯한 모든 관계기관의 선후배 동료여러분들의 은혜에 보답하는 값진 감사의 선물이 되기를 기대해봅니다.

미주 _

1)BIE 국제박람회기구

Bureau International des Expositions : 국제박람회기구. 엑스포 주최국을 결정하고, 회원국의 의무와 권리를 규정하는 등 세계박람회를 관장하는 국제기구이다. 1928년 설립된 정부 간 기구로서 IOC, FIFA 같은 민간기구와는 성격이 다르다. 1851년 런던에서 제1회 박람회가 개최된 이후 박람회 개최를 희망하는 국가들이 증가했고, 박람회가 자주 개최되면서 주최국과 참가국 간의 갈등이 생기며 문제점들이 노출되기 시작하였다. 이러한 문제점들을 조정해 줄 수 있는 국제기구의 필요성이 제기되어 1912년 'Berlin Diplomatic Conference'에서 프랑스를 중심으로 국제기구 설립에 관한 논의를 시작했고, 1920년 프랑스 주도하에 국제기구 설립을 위한 협의를 재개하여 1928년 BIE를 설립하였다.

2) IAC 국제우주대회

1951년 설립된 IAF(국제우주연맹)가 IAC를 주도하고 있으며 NASA, ESA, JAXA등 항공 우주관련 연구소·기업의 우주전문가들이 대거 참가하여 학술회의, 전시회, 공식·문화행사 등을 개최하고 UN과 공동으로 사전회의로 워크숍을 개최한다. IAC와 관련된 국제기구는 다음과 같다.

IAF(International Astronautical Federation, 국제우주연맹)는 1951년에 프랑스, 독일, 등 서유럽국가와 아르헨티나 등 항공우주관련 기관들이 주축이 되어 설립된 비정부 기구로서 사무국은 프랑스 파리에 소재하고 있다.

IAA(International Academy of Astronautics, 국제우주학회)는 우주항공분야 전문가들의 모임으로써 IAF가 1960년에 설립하여 매년 IAC 기간 중 IAA Academy Day를 개최한다.

IISL(The International Institute of Space Law, 국제우주법협회)는 1960년에 설립되어 IAC 회의기간 중에 기술세션 참여 및 모의법정을 주관한다. 모의 법정은 1992년 이후 매년 개최되고 있으며 우주법과 관련된 가상설정 상황에 대한 모의법정 공방대회로 IAC 기간 중 결승전을 개최하고 있다.

UN-OOSA (UN 외기권사무국)는 1993년 오스트리아 비엔나에 사무국을 설치하고 UN 소속기관으로 평화적 목적의 우주이용을 위한 국제협력 증진을 추진하고 있으며 매년 IAC 총회시 IAF와 함께 UN-IAF 워크숍을 개최하고 있다.

3) IASP 국제과학공원연합

국제과학공원연합(IASP): 1984년 창립된 IASP(International Association of Science Park)는 전 세계 66개국의 315개 회원 파크들로 구성된 권위 있는 혁신클러스터 협회로써, 회원국 간의 기획 및 운영, 기술교류, 기술 상품, 서비스 등을 제공하며, 입주기관들이 최상의 공급자나 상업적인 파트너, 또는 합작 등의 기회를 쉽게 얻을 수 있는 세계적 온라인 서비스를 제공하고 있다.

국내에서는 대덕특구본부, 광주테크노파크, 충북테크노파크, 경기중소기업종합지원센터, Trico Co. Ltd 등 총 5개 기관이 가입되어 있으며, 국제사이언스파크는 전 세계 혁신클러스터들의 모임으로 매년 수백 명이 참가하는 총회 및 학술대회를 개최해오고 있다.

협상 및 협상가의 정의 인용구 _

(1) 협상

• **Negotiation**: "For men to live together in state of society, implies a kind of continuous negotiation . . . . Everything in life is, so to say, intercourse and negotiation, even between those whom we might think not to have anything to hope or fear from one another."

Antoine Pecquet, 1737

• **Negotiation, criteria for**: "Two elements must normally be present for negotiation to take place: there must be both common interests and issues of conflict. Without common interests there is nothing to negotiation for; without conflict there is nothing to negotiate about."

Fred C. Iklé, 1964

• **Negotiation, defined**: "The term 'negotiation' means the art of handling the affairs of state as they concern the respective interests of the great and supposedly independent societies interacting in a free state of nature . . . . However, negotiation is not limited to international affairs. It takes place everywhere where there are differences to conciliate, interests to placate, men to persuade, and purposes to accomplish. Thus, all life could be regarded as a continual correct unfortunate impressions, convince others of our views, and use all appropriate mans to further our projects."

Fortune Barthélemy de Felice, 1778

• **Negotiation, time and**: "Only time resolves conflicts, but time needs help."

I. William Zartman, 1985

(2) 협상가

• **Negotiators, listening by**: "One of the most necessary qualities in a good negotiator is to be an apt listener; to find a skillful yet trivial reply to all questions put to him and to be in no hurry to declare either his own policy, sill less his own feelings; and on opening negotiations he should be careful not to reveal the full extent of his design except as far as it is necessary to explore the ground; and he should govern his own conduct as much by what he observes in the faces of others as by what he hears from their lips."

François de Callières, 1717

• **Negotiators, modesty in**: On the whole, it is better for a negotiator to be underestimated than it is for him to regarded with apprehension. A negotiator should therefore take care to adopt a modest demeanor and to appear less authoritative, competent, and effective than he believes himself to be.

• **Negotiators, objectivity in**: Excessive objectivity is the negotiator's Achilles heel: a negotiator must understand his opponent's viewpoint and logic but he must always remember that he is, first and last, an advocate of the interests of his own state.

• **Negotiators, personality of**: "Any negotiator who seduces himself into believing that his personality leads to automatic breakthroughs will soon find himself in the special purgatory that history reserves for those who measure themselves by acclaim rather than achievement."

Henry A. Kissinger

참고문헌 _

□ G. Richard Shell(Penguin Books) : Bargaining for Advantage(Negotiation strategies for reasonable people) (2000년도)

□ Harvard Business School press : Winning Negotiation

□ Michael Walkins and Suzan Rosegrant (Jossey-Bass) : Breakthrough international negotiation(2001년도)

□ Roger Fisher and William ury (Penguin Books) : Getting to yes(1991년도)

□ Herald Nicolson: Diplomacy

□ Harvard Business Essentials (Harvard Business School press)(2001년도)

□ R. Fisher and R. Scatt Brown : Getting Together

□ George H. Ross(Wiley) : Trump Style Negotiation(2006년도)

□ Lionel Bellenger 저 (Que sais-Je) : La Negotiation (Press Universitaires de France)(1987년도)

□ Jacque Rojot 저(Vuibert) : La Negotiation(2006년도)

□ The Diplomat's Dictionary : CHAS.W.Freeman, Jr(1997년도)

□ 곽노성 저(경문사) : 국제협상론(1998년도)

□ 김호성 저(두남): 글로벌시대의 국제통상 협상(2004년도)

□ 프랑소아 드 칼리에르 지음(남경태 번역)(위즈덤하우스) : 어느 원로 대신의 협상에 관한 충고(2001년도)

□ 외교통상부 발간 : 외국의 통상환경

□ KOTRA 아카데미 발간 : 우리기업 협상계약 실패 성공사례

□ 황희곤, 김정섭 지음(백산) : 미래형 컨벤션 산업론(2009년도)

□ 오명 지음(웅진닷컴) : 대전 세계 엑스포 : 그 감동과 환희(2003년도)

□ 마르셀 갈로팡 지음(국제박람회기구 사무국) : 20세기 국제박람회

□ 외교통상부 발간 : 의전실무 편람

□ Marcel Galopin 지음(박찬인 번역) : 이미지 뒤에 멈추기(2001년도)

□ 앨빈 토플러 지음(김중웅 옮김)(청림출판) : 부의 미래(2006년도)

□ 마이클블린 지음(김기만 옮김)(홍익출판사) : 한국인을 말한다(1999년도)

□ 이대환 지음(현암사) : 세계최고의 철강인 박태준(2004년도)

□ 김기홍 지음(새로운 제안) : 서희, 협상을 말하다(2006년도)

□ 윤기관 외(법문사) : 국제통상의 이해(2000년도)

글로벌
시대의 International Negotiator

국제협상가

초판 인쇄 | 2013년 7월 2일
초판 발행 | 2013년 7월 10일
지은이 | 최흥식
발행인 | 박 철
발행처 | 한국외국어대학교 출판부
130-791 서울특별시 동대문구 이문로 107
전화: 02-2173-2495~7
팩스: 02-2173-3363
홈페이지: http://press.hufs.ac.kr
전자우편: press@hufs.ac.kr
출판등록 | 제6-6호(1969. 4. 30)
편집 · 디자인 | studio WOOM (010-2204-1114)
인쇄 · 제본 | 현문자현(031-902-1425)

ISBN 978-89-7464-846-6 13300 정가 15,000원
*잘못된 책은 교환하여 드립니다.

HUEBOOKs는 한국외국어대학교출판부의 인문학도서 Sub Brand이다. 한국외대의 영문명인 HUFS, 사람을 위하는 Humanism, 교육의 Education, 색조의 Hue의 다의적인 뜻으로 해석할 수 있으며, 인문학도서 출판에 대한 의지가 담겨있다.